waist — $1\frac{1}{2}$ inches

hips — 1 inch

thighs — $\frac{1}{4}$" of each

calves — $\frac{1}{4}$" of each

arms — $\frac{3}{4}$" of each

abd — abd $1\frac{1}{4}$ inch

9 lbs. — 5 inches

(5 last week)

148 lb.

Nov. 21

如何禱告

安銳著　陳衣復薪譯

如何禱告

原著：安銳
翻譯：陳衣復薪
出版：美國活泉出版社
P.O.Box 1003, Monterey Park, Ca. 91754 U.S.A.
總代理：基道書樓 有限公司
香港九龍界限街148號地下/電話：3-387102
總經銷：
台灣地區——
台北見證書室
台北市瑞安街222巷 1 號/電話：(02)707-7459
美洲地區——
美國見證書室Testimony Book Room
P.O.Box 443, Culver City, Ca. 90232 U.S.A.
電話：(213)202-8776
澳紐地區——
基道書樓Logos Book House
72, Liverpool St., Sydney, N.S.W. 2000, Australia.
電話：(02)264-9696
設計製作：基道書樓製作部
一九八六年六月初版
版權所有・請勿翻印
ISBN 0-941598-31-4

How to Pray

by R.A. Torrey
Translated by Fu Hsin Chen
Published by Living Spring Publications
P.O. Box 1003, Monterey Park, Ca. 91754 U.S.A.
Sole Agent and Production: Logos Book House Ltd.
148, Boundary St., G/F., Kln., Hong Kong. Tel.: 3-387102
Distributors:
(1) Testimony Book Room
1, Lane 222, Rei-an St., Taipei, Taiwan, R.O.C.
(2) Testimony Book Room
P.O. Box 443, Culver City, Ca. 90232 U.S.A.
(3) Logos Book House
72, Liverpool St., Sydney, N.S.W. 2000, Australia. Tel.: (02) 264-9696
1st Chinese Edition, June 1986
© 1986 by Living Spring Publications
ALL RIGHTS RESERVED
ISBN 0-941598-31-4

目錄

1 禱告的重要

以弗所書第六章第十八節的話，帶着驚人的、壓倒一切的能力，來論到禱告的重要性。

「靠着聖靈，隨時多方禱告祈求，並要在此儆醒不倦，為眾聖徒祈求。」

當我們停下來仔細思量這些話的意義，並注意話中的連帶關係時，每一個有智慧的神的兒女就不能不說：「我必須禱告，禱告，禱告。必須將我的全心全力放在禱告中，無論作甚麼事，都必須傾心禱告。」

修訂譯本中的語氣則比原先的欽定譯本(Authorized Version) 更強更有力：

「在聖靈裏一切時刻都要禱告，懇求，並要在一切忍耐中儆醒到底，為一切聖徒祈求。」

注意這些「一切」：「一切時刻」，「一切忍

耐」，「一切聖徒」。注意所用一連串强烈的字眼
「禱告」，「懇求」，「忍耐」。再注意其强烈的用
詞，「儆醒到底」，照字意解釋就是「一直不睡
覺」。保羅清楚知道人的惰性，特別是在禱告方
面的天然懈怠。是的，我們對各種的禱告是何等
不徹底。多少次教會或個人的禱告，常是到正要
蒙福的邊緣時，就停下來，睏倦不禱告了。我盼
望「不睡覺地禱告到底」這句話能燒進我們心底裏
去。

但是，為甚麼這種不斷地，堅忍地，不眠
地，得勝地禱告是如此需要？

一、因為有一個仇敵——魔鬼。

魔鬼非常狡猾、且是甚有能力，又從不休
止、不斷陷害神的兒女，使其墮落。如果神的兒
女在禱告上放鬆，魔鬼就成功地使他跌入陷阱。

這就是本文的主旨。在本章第十二節告訴我
們：「因我們並不是與屬血氣的爭戰，乃是與那
些執政的，掌權的，管轄這幽暗世界的，以及天
空屬靈氣的惡魔爭戰。」接下去十三節又說：「所
以要拿起神所賜的全副軍裝，好在磨難的日子，
抵擋仇敵，並且成就了一切，還能站立得住。」
接下去又說到基督徒各種不同的軍裝配備，我們
必須穿戴這些裝配纔能站立抵擋魔鬼及它一切狡
詐的詭計。隨後保羅在第十八節中把這一切帶到
最高峯，就是在這些事之外還必須加上禱告——

不住的，堅忍的，在聖靈裏的，不倦不眠的禱告，否則一切事工都是枉然。

二、禱告乃是神指定的方式，以使我們得到一切。我們的經歷——生活，工作所以有缺乏，最大的原因就是疏忽了禱告。

雅各在他的書信第四章第三節中強烈地指出這一點：「你們得不着是因為你們不求。」這話就說出一般基督徒窮乏無力的原因——疏忽禱告。

常有基督徒問：「為甚麼我的基督徒生活進步那樣緩慢？」

神回答說：「你們得不着是因為你們不求。」——禱告上疏忽。

常有傳道人問：「為甚麼我看不到多少勞苦的果效？」

神回答說：「你們得不着是因為你們不求。」——禱告上疏忽。

常有主日學老師問：「為甚麼我看不到參加主日學的人有轉變？」

神依然回答說：「你們得不着是因為你們不求。」——禱告上疏忽。

傳道人和衆教會都問：「為甚麼基督的教會不能領先抵擋不信，錯誤，罪與世界？」

我們再次聽到神回答說：「你們得不着是因為你們不求。」——禱告上疏忽。

三、神爲基督徒所設立的那些榜樣——使徒們——都認爲禱告是信徒生活中最重要的事工。

當許多繁雜事務開始困擾早期敎會時，他們便「叫衆門徒來，對他們説：我們撇下神的道，去管理飯食，原是不合宜的。所以弟兄們，當從你們中間選出七個有好名聲，被聖靈充滿，智慧充足的人，我們就派他們管理這事。但我們要專心以祈禱傳道爲事。」從保羅寫給各敎會及個人的書信中，都明顯題到他爲他們禱告，而且是費時，費心，費力地爲他們禱告（羅一9～10；弗一15～16；西一9；帖前三10；提後一3）。

此外聖經未記載的那些屬靈偉人也都是禱告的先鋒。他們之間有許多不同之處，但在禱告的事上卻始終一樣。

四、主耶穌在世的生活中，禱告佔着很突出而且很重要的地位。

請看馬可福音第一章第三十五節，「次日早晨，天未亮的時候，耶穌起來，到曠野地方去，在那裏禱告。」在這前一天，耶穌極其忙碌。但主竟縮短了所需要的睡眠時間，爲的是第二天可以早起，把自己投入更迫切需要的禱告中。

再請看路加福音第六章第十二節，「那時，耶穌出去上山禱告；整夜禱告神。」我們的救主

發現有時需要花整夜的時間去禱告。

　　記載主工作、生活的四福音中，至少有二十五次之多將「禱告」一詞與我們的主連在一起。另外也多次題到主禱告，只是未用「禱告」這個詞；禱告顯然地佔了主耶穌許多時間及心力。一個人若不花夠多的時間在禱告上，他就不配稱為耶穌基督的跟隨者。

五、禱告是已升天的主現今職事中最重要的一部
**　　分。這更讓我們看見，堅持不斷，不眠不**
**　　休，得勝的禱告是何等重要。**

　　基督的職事並未因祂的死而終止。雖然祂的贖罪工作在當時已經完成，但祂復活升天被高舉到父神右邊後，即為我們開始了另一工作。這工作與祂的救贖工作同樣重要，而且彼此相關。這乃是以救贖為根基，而這項事工對於救恩的完成是絕對必要的。

　　現今祂那偉大的工作，亦即主藉它來逐步完成救贖的工作到底是甚麼呢？我們讀希伯來書第七章第二十五節就知道：「**凡靠著祂進到神面前的人，祂都能拯救到底；因為祂是長遠活著，替他們祈求。**」這節經文告訴我們說，主耶穌能拯救我們到極處。不僅是從極處救，也是救到極處，救到極其完全，絕對完全的地步，因為祂不僅死了，更因為祂是「長遠活著」。

　　這節經文同時也告訴我們，祂如今活著的目

的是甚麼。替我們代求，就是禱告。禱告是主如
今所作最主要的工作。祂乃是藉着禱告一直拯救
我們。

羅馬書第八章第三十四節也有同樣的啟示，
那是保羅重要的見證：「誰能定他們的罪呢？有
基督耶穌已經死了，而且從死裏復活，現今在神
的右邊，也替我們祈求。」

所以我們要與耶穌基督現今的職事有交通，
就必須花許多時間禱告，必須置身於迫切，不
斷，堅忍，不眠，得勝的禱告裏。我不知道還有
甚麼比隨時禱告的重要性給人更深重的感覺。隨
時不住的禱告乃是我們升天的主當今主要的職
事。我想要與祂有交通，爲了成全此心志，我已
求父神無論如何塑造我，都要把我塑造成一個代
禱的人：一個懂得如何禱告並肯花時間禱告的
人。

代禱職事是榮耀而偉大的，任何人都可有分
於它。有人若因生病不能參加聚會仍可有分於
它；一位忙碌無暇的母親；一位爲了生活必須爲
人洗衣的婦人都一樣可以有分於代禱——她可以
一邊屈身洗衣，一邊爲聖徒代禱，又可爲傳道
人，尚未信主的人，和外國傳教士等禱告，不再
可憐兮兮地獨自洗衣服；生意繁忙的人也可有分
於它，當他在怱忙地應付工作時，仍可禱告。當
然，我們若要保持這種隨時禱告的靈，則需要花
足夠的時間把自己「關」起來，單獨向神禱告。

六、禱告乃是神所指定的路，要我們因此得憐恤，蒙恩惠，作隨時的幫助。

希伯來書第四章第十六節是聖經中最簡明而甜美的經節之一：「所以我們只管坦然無懼的，來到施恩的寶座前，為要得憐恤，蒙恩惠作隨時的幫助。」這些話很清楚地告訴我們，神指出一條路使我們可以得憐恤，蒙恩惠，這條路就是禱告。坦然無懼地向施恩寶座禱告，這寶座乃是神最神聖所在之處，那最體恤我們的大祭司耶穌基督已代表我們進去了。

憐恤是我們所需要的，恩惠也是我們所不可缺的，否則我們的生活及一切的努力將全然歸於失敗。禱告乃是得憐恤及蒙恩惠的路。我們有無限的恩惠可以運用，藉着禱告我們可以實際經歷這些恩惠。如果我們能認識到我們向神求的豐滿恩惠是何等長、闊、高、深，我確信我們會擺上更多的禱告。我們所得恩惠有多少，是靠我們所擺上的禱告有多少來決定。

有誰不覺得他需要更多恩惠？那麼就該向神禱告，而且要不斷、迫切地禱告。神樂意我們在這方面成為「不顧臉面」的乞丐，因為那樣纔可顯出對祂的信，而且這信是最能討祂歡喜。由於我們的「不顧臉面」，祂會照我們所需要的給我們（路十一8）。可惜我們大多數人所知道的恩惠只是淺淺的小溪，實際上這恩惠是澎湃大河，可以一直滿溢到兩岸！

七、在耶穌基督的名裏禱告，乃是耶穌基督親自給門徒們指定的一條達到滿足喜樂的路。

祂在約翰福音第十六章第二十四節中簡明又美麗地說到這件事：「向來你們沒有奉我的名求甚麼，如今你們求就必得着，叫你們的喜樂可以滿足。」修正譯本喜樂可以「滿足」一詞譯作「盈滿」。試想誰不願意他的喜樂達到盈滿的地步？盈滿的路乃是在耶穌的名裏禱告。我們都知道那些被喜樂大大充滿的人的光景；真的，當你同他們握手的時候，喜樂從他們的眼中流露、照耀出來，由嘴邊溢出，連指尖也流出喜樂來。同這種人接觸，就像接觸到一部被喜樂充滿的發電機一樣。這些人都是經常花許多時間在禱告上的人。

為甚麼在基督的名裏禱告會帶來這種盈滿的喜樂呢？部分原因是我們得到所求的。但這不是惟一的原因，也不是最大的原因。最大的原因在說明神是真實的，祂就在那兒。能擁有一位真實的神是有福的，神不只是一種意念。我還記得有一次，當我獨自在書房裏的時候，忽然病得很嚴重。我跪下去向神呼喊求祂幫助，所有痛苦立刻都離開了——我完全痊癒了。好像神就站在那兒，並且伸出手來摸我。當時得醫治的喜樂還遠不如遇見主的喜樂那麼大。

不論在天上或是在地上，沒有甚麼喜樂能大過與神交通；而在主名裏的禱告能帶我們進入與

祂的交通裏。寫詩的人說：「**在你面前有滿足的
喜樂**」（詩十六11），這當然不是僅指將來的福
氣。哦！當我們禱告時眞實摸着神同在的那一
刻，眞有說不出來的喜樂！

也許有人會說：「我從來不知道禱告時還會
有這種的喜樂！」

問題是：你可曾花夠多時間禱告，而且實際
進入神的同在？當你確實花時間禱告時，是否眞
的將全人都投入禱告中？

**八、在生活中遭遇一切罣慮、憂愁，需要禱告
時，仍帶着感恩禱告，這是神所指定的一條
路，使我們得以從一切焦慮中得自由，得享
神所賜出人意外的平安。**

「**應當一無罣慮，只要凡事藉着禱告，祈求
和感謝，將你們所要的告訴神。神所賜出人意外
的平安，必在基督耶穌裏，保守你們的心懷意
念**」（腓四6～7）。

對許多人而言，初看之下這好像是一幅很美
麗的生活圖畫，是普通的人所達不到的；其實不
然。這節經文乃是告訴我們，神每一個兒女如何
可以達到這種生活：「**應當一無罣慮。**」或是如修
訂本所譯，「**不爲任何事憂慮。**」這一節其餘的部
分告訴我們當如何作，那很簡單：「**只要凡事藉
着禱告、祈求和感謝，將你們所要的告訴神。**」
還有甚麼比這個更清楚更簡單的呢？只要不斷地

與神交通，當任何大小煩惱，任何苦境臨到時，都告訴祂，永遠不可忘記爲了神所已經作成的將感謝歸給祂。這樣，結果會如何呢？「神所賜出人意外的平安，必在基督耶穌裏，保護你們的心和思想。」（修訂譯本）

那是榮耀的！既簡易又榮耀！感謝神，許多人都試着在作。你可認得有甚麼人經常都是穩靜沉着的？或許他本性是個非常暴躁的人，可是儘管煩惱、矛盾、逆境，及喪失親人之痛可能四週侵襲他，那出人意外的平安卻在基督裏保護着他的心和思想。

我們都認識這種人。他們怎麼作得到呢？

只要藉着禱告，如此而已。凡是認識神深處平安，認識那難以測度、出人意外的平安的人，經常都是不斷禱告的人。

我們有些人的禱告是從忽忽忙忙之生活中擠出來的，經常的憂慮造成他在時間與精神上何等的浪費！一個晚上的禱告可以使我們很多晚上不失眠。用在禱告上的時間絕非浪費，而是「高利潤的投資」。

九、禱告乃是神親自指示我們，爲使我們得着聖靈的途徑。

關於這一點聖經記載得很清楚。耶穌說：「你們雖然不好，尚且知道拿好東西給兒女，何況天父，豈不更將聖靈給求祂的人麼？」（路加

十一—13）。

我確實知道這件事，正如我知道喝水的時候乾渴就被解除了一樣。有一天清晨，在芝加哥路教會的禱告室裏，有幾百人聚在一起禱告了幾個小時，聖靈清清楚楚地降下，整個地方是那樣被祂的同在所充滿，以至沒有人能說話或是禱告，只有喜樂的哭泣充滿了屋子。那天早晨，人們離開了那個屋子，坐火車到各地鄉間去，不久就有消息傳回來，他們的禱告得着神的答應，哦神的聖靈大大降下。其他到城市裏去的人也有神的祝福隨着他們，這只不過是許多蒙應允中的一個例子，這種個人經歷的例子不勝枚舉。

我們只要更多的花時間在禱告上，聖靈的能力在我們的工作中就會更大彰顯。許許多多的人從前曾是在聖靈的能力中工作，而今卻只是在空喊，以無意義的姿態打空氣，原因出在他們的禱告是擠出來的。如果我們真的想繼續活在聖靈的能力中，就必須花更多時間跪在神面前。

十、禱告乃基督所定規的途徑，使我們的心不被今生的憂慮、貪食、醉酒所充斥，以致基督再臨的日子如同網羅一般忽然臨到我們。

聖經中有關這方面禱告的教訓，有一段既有趣且嚴肅的經文，「你們要謹慎，恐怕因貪食醉酒並今生的思慮，累住你們的心，那日子就如同網羅忽然臨到你們。因為那日子要這樣臨到全地

上一切居住的人。你們要時時儆醒，**常常祈求**，使你們能逃避這一切要來的事，得以站立在人子面前」（路二十一34～36）。

這樣看來只有一條路可以預備我們自己等候主的來臨，那就是多多的禱告。

耶穌基督的再臨，今天在我們中間成了一個引起很大興趣及多被議論的題目；然而對主的再來有興趣並談論它是一回事，爲着主來而預備好自己卻又是另一回事。我們今天生活的環境氣氛似乎越來越不適應我們等候主的再來。這世界用它所提供的「享受」，用它所製造的「憂懼」，把人牽拌住。只有一條路可使我們提升勝過這些——不斷的儆醒禱告，也就是不眠不倦的禱告。上面經文中所用的「儆醒」一字同以弗所書第六章第十八節中所用的字是一樣強烈，「常常」一詞也是與「隨時多方」一詞同樣強烈。凡是很少禱告，而又不持之以恒禱告的人，都是未好好準備等候主來的人。但我們可以準備好。如何準備？禱告！禱告！

十一、由於禱告所成就的果效。

關於這一點已經講了許多，但仍有很多應該再加進去。

㈠禱告促進我們靈性的長進，除了查讀聖經，幾乎無任何其他事物可相比，眞實的禱告同眞實的讀經總是並行的。

藉着禱告使我的罪，我最隱藏的罪蒙到光

照。當我跪在神面前禱告說:「神啊!求你鑒察我,知道我的心思,試煉我,知道我的意念;看在我裏面有甚麼惡行沒有」(詩一三九23)。神刺透的光射進我心的最深處,使我從未感覺到的罪被顯明出來。神答應了我的禱告,將我的罪洗除淨盡,並潔除我的罪(詩五十一2)。使我的眼睛被開啟看出神話語的奇妙(詩一一九18)。神也答應我的禱告,使我得着智慧得以知道神的道路(雅一5),並得着力量可以行在其中。當我在禱告中遇見神,並定睛注視祂的面時,我就變成主的形狀,榮上加榮(林後三18)。每天真正的禱告生活,使我發現更像我的榮耀主。

諾克斯(John Knox)的女婿韋契(John Welch)是當今世上難得見到的最忠心禱告的人之一。他認為如果那一天他沒有花七、八小時單獨在神面前禱告讀經,他就糟蹋了那一天。有一位年長的人在他死後提到他,說:「他是一個在基督裏的典型。」

他如何會如此地像他的主?

他的禱告生活解釋了這個奧祕。

㈡禱告將權能帶進我們的工作中。

如果我們希望神所召我們作的任何工作有能力的話,我們可以藉着迫切的禱告得着,不論是講道、教訓、個人的工作或是養育孩子。

有一位婦人有個小男孩如何也教不好,有一次她絕望地來跟我說:「我該拿他怎麼辦?」

　　我問她：「你可曾試過禱告？」

　　她說她想是曾經為他禱告過。我問她可曾把他的轉變和他的個性這件事，化為很有把握、有盼望的禱告。她回答說她對這件事並無把握。從那天起她開始禱告，立刻在孩子裏面就有明顯的改變，後來他長大成為一個很好的基督徒。

　　多少主日學老師教了多年仍不見勞苦的真實果效；後來當他學習了代禱的祕訣而向神迫切懇求之後，就看見他的學生一個個地被帶到基督面前！多少精疲力盡的老師，因着放棄對自己能力及恩賜的信心，而將全人交託神等候神從上面賜下能力，而變成神剛強的人！李文斯頓 (John Livingstone) 和幾位同心的人花了一夜的時間禱告、談論屬靈的事，第二天當他在舍斯教會 (Kirk of Shotts)講道時，有五百人或得救、或因這一天成了他們一生中靈命的復興。禱告和能力是不能分開的。

㈢禱告可以使別人轉變。

　　若非與其他人的禱告有關，今天世界上極少人會被轉變。起初我以為我的得救與任何人無關，因我不是在教會或主日學，或是同任何人交談纔得救的。我乃是在半夜裏醒來而得救的。我記得，在此之前，我從未有絲毫已得救的意念，或是類似得救的情形，我只是上了牀就睡着了；但是半夜裏我醒過來不到五分鐘我就得救了。幾分鐘以前，我還是個差不多即將永遠滅亡的人。

我的一隻腳已踏到地獄的邊緣，而另一隻腳正起
步欲跨過去。我說，我想我的得救與任何人無
關，但我卻忘記了是由於母親的禱告；後來我纔
知道還有另外一位大學裏的同學也把我作為他的
禱告對象，直到我得救為止。

其他方法都失效時，禱告總是有用的。摩尼
迦（ Monica, 奧古斯丁的母親 ）對她兒子所花
的一切勞力及懇求都失敗得何等慘！然而她卻經
歷了向神的禱告所發生的作用；那個放蕩的少年
後來變成了聖奧古斯丁，神大有能力的工人。藉
着禱告可以使福音的最大仇敵變成最勇敢的衞道
者，最大的流氓成了神最真誠的兒子，最不道德
的婦女成了最純潔的聖徒。噢，禱告的能力一直
是藉着經歷向下，向下，下到人似乎連盼望都絕
望之時，就開始將人舉起，一直向上，向上，上
升到與神交通、與神相像的地步！簡直是太奇妙
了！可惜我們太少認識這個了不起的武器！

㈣**禱告為教會帶來祝福。**

教會歷史通常就等於一部克服重大問題的歷
史。魔鬼恨惡教會，所以想盡各種方法阻礙教會
往前進；一下藉着教條，再藉着分裂，再又藉着
生活中的種種敗壞。然而教會藉着禱告就可在一
切事工上理出一條明確的道路。禱告會拔掉異
端，除去誤會，掃除嫉妒和憎惡，除掉惡行，而
帶進神豐豐滿滿復興的恩惠。歷史充分地證實這
一點。在最黑暗的那一刻，當教會的情形，不論

是地方的或是宇宙的教會,顯得毫無盼望時,總是有一些信徒聚在一起向神呼喊,隨後神的答應就接踵而至。

在諾克斯的日子如此,在衞斯理和懷特腓德 (Wesley and Whitefield) 的日子也如此,在愛德華滋和布銳內德 (Edwards and Brainerd) 的日子也是如此,奮尼 (Finney) 的日子也不例外。一八五七年在美國的大復興,及一八五九年在愛爾蘭的大復興也同樣是如此。照樣在你與我的日子也一樣如此!撒但糾合了它的力量:基督教科學派連同它的假基督——一個女人——把其頭高舉;有些人又假藉使徒的作法,言之鑿鑿,其實只是為了掩飾他們的欺騙與假冒為善;有些同樣忠心於偉大基本福音真理的基督徒,帶着從魔鬼來的疑惑與嫉妒,彼此怒目相視。看!世界,肉體,魔鬼正舉行狂歡大會。現在是一個黑暗的日子,**然而**,現今也「**是耶和華降罰的時候,因人廢了你的律法**」(詩一一九126)。祂正準備好着手作工,現今祂正在注意聽禱告的聲音。祂會聽得到嗎?祂會從教會那兒聽到嗎?祂會從教會猶如一個身體那樣地聽到禱告聲音嗎?我信祂定會聽到的。

2 向神禱告

我們已經看到關於禱告不可抗拒的能力，以及禱告極大的重要性。現在我們就直接來談這個問題——如何纔能使得禱告滿有能力。

一、在使徒行傳第十二章裏記載了一項禱告：他們切切禱告神，而且帶來極大果效。第五節用幾個字說出禱告的態度和方法：

「全教會爲着他切切地向神禱告。」（另譯）

在這一節中，第一件要注意的就是那個簡單扼要的詞：「向着神」。有能力的禱告乃是獻給神的禱告。

然而有的人要說：「難道不是所有的禱告都是向着神嗎？」

不然。很多所謂公開或是私下的禱告都不是

向着神的。爲使一個禱告能眞正是向着神，我們
在禱告時，必須清楚地感覺到與神親近了；我們
必須明確而清晰地認識到，我們禱告的時候神確
實是垂聽了。許多時候我們的禱告實在是很少想
到神。我們的思想都被我們的需要所佔有，並沒
有藉此用來思念我們所正尋求的全能又慈愛的
父。

常常有這種情形，我們禱告的時候，思想既
不想到我們的需要，也不想到我們所禱告的神，
而由它在世界裏到處游蕩。這種禱告肯定是沒有
能力的。但當我們眞實地進入神的同在，在禱告
裏眞的面對面遇見祂，眞的尋求盼望從祂有所得
時，這禱告纔有能力。

那麼，要禱告得眞確中肯，首要的事就是看
清我們是否眞的見到神的面，眞實進入祂的同
在。在未開口祈求之先，應該明確清楚地知道我
們是在向神說話，並且相信祂也正在聽我們的祈
求，而且就要答應我們向祂之所求。這惟有靠聖
靈能力纔可，所以我們該仰望聖靈眞正把我們引
到神面前，不要急於開口，直到聖靈已經把我們
帶到神面前。

有一天晚上，一位很活躍的基督徒偶然來參
加一個我帶領的小型禱告會。我們跪下禱告之
前，我講了一點像上面所提及的話，告訴所有朋
友，禱告之先要有把握在禱告時眞有神的同在，
心中確實地在思想祂，更多與神親近，而不是只

想到所求之事。過了幾天，當我再遇到這個人時，他說，這種禱告時的簡單傾向在他還是第一次，但這種思想傾向卻成了他的禱告上嶄新的經歷。

如果我們想要禱告得正確，就必須將這兩個小小的字深深銘記在心中——「向神」。

二、第二個禱告有效的祕訣也在同一節經文內，那就是「切切地」

修訂譯本把原來的「不斷地」譯爲「懇切地」。但這兩種譯法都不能說出起初希臘字所強調的意義。這個字照字面的正確意義是：「完全被耗盡。」這是一個生動而含義奇妙的字。它表示了把整個人都耗盡在極強烈之迫切的願望中。「切切地」或許是最接近原文意思的一個譯法。這個字與路加福音第二十二章第四十四節中用在主身上的那個字相同。那裏說到：「**耶穌極其傷痛，禱告更加懇切，汗珠如大血點滴在地上。**」

我們讀希伯來書第五章第七節，「**基督在肉體的時候，既大聲哀哭，流淚禱告懇求。**」羅馬書第十五章第三十節，保羅懇求羅馬的聖徒同他一同竭力禱告。「竭力」這個詞起初是用在運動比賽或戰爭中，意思是奮力爭勝。換句話說，能使神垂聽的禱告乃是一種要把我們全人都投進去，帶着強烈和極其痛切的渴望向神傾吐的禱告。當今我們有許多的禱告沒有能力，就是因爲我們沒

有把心擺進去。我們忽忽忙忙來到神面前,把一連串的祈求說一遍,跳起來就走了。如果有人過了一小時再來問我們禱告些甚麼,我們卻常常說不出來。如果我們這樣不把心放在禱告中,我們也無法盼望神會把很多的心意放在答應我們的禱告上。

今天我們聽到很多有關信心的安息之信息,卻不太多聽到在禱告之努力中信心要爭戰這回事。若是有人給我們製造一個印象說,他們已經達到了信靠之心的高峯,因爲他們從不知道禱告爭戰中的艱難,這種人的經歷必定是已經越過他們的主了,也越過了教會歷史上那些藉着禱告、藉着努力,爲神作了最大的事的那些人。惟有我們學會向着神,並且切切的禱告,又帶着極强烈且緊緊抓住整個人的渴慕來到神前時,纔會知道禱告中有一股力量——聖靈能力,是我們大多數人現在尙不明白的。

然而如何纔能達到這種切切禱告的地步呢?

不是試着去努力可使我們作到切切的地步。眞正的路在羅馬書第八章第二十六節中解釋出來:「照樣地聖靈也幫助我們的軟弱,因我們應當曉得卻不曉得當如何禱告,只是聖靈用說不出來的嘆息親自爲我們代禱」(修訂譯本)。我們用肉體的力量作到的懇切,是不能討神喜悅的。聖靈在我們裏面所作成的懇切纔能討神的喜悅。我再說,若是我們要禱告得眞確中肯,就必須仰

望神的靈教導我們禱告。

　　就是因着這種關係纔有禁食的事發生。在但以理書第九章第三節裏說到但以理「禁食，披麻蒙灰，定意向主神祈禱懇求」。有些人認為禁食是屬於舊的律法，但當我們看到使徒行傳第十四章第二十三節和第十三章第二、三節時，我們就發現使徒時代一些熱心的人也禁食。

　　我們若是要禱告有能力就應該禁食。這當然不是說每次禱告都當禁食；但確實有的時候在私下生活、或工作中會遇到緊急事情或特殊的危機，而那些真摯的人寧願捨棄滿足他們天然的食慾；而這些慾望在其他情形下都是絕對適當的，這樣作為使他們將全人投入禱告。這種禱告具有特殊奇妙的能力。在我們的生命中，或我們的工作上，碰到了重大的危機時，我們就應該如此禱告。但是，如果我們放棄享受，是出於法利賽式或律法主義式的態度，那就不能討神喜悅。但是禱告為了得到那些我們强烈感覺所必需的東西時，那種全然的懇切及決志是帶着能力的，這個能力引領我們放下所有，即或那些本身最正確最必需的事物都放下了，為的是決心朝着尋找神而去，並從祂得到祝福。

三、在使徒行傳第十二章第五節這一節聖經中，可以找到第三個正確禱告的祕訣。它出現在三個字中：「教會的」。

　　同心的禱告是有能力的。當然個人的禱告也

有能力；但是教會同心的禱告能力更是大大地增加。神喜悅祂的百姓同心，神也處處在強調這一點，所以祂對於同心禱告的人宣告一種特別的祝福。「若是你們中間有兩個人在地上，同心合意的求甚麼事，我在天上的父，必為他們成全」（太十八19）。當然，這個同心必須是真的。剛纔所引用的這節聖經沒有說若有兩個人同心求甚麼，而是說若有兩個人在有關於所求的事情上同心。兩個人可以同意要求同一件事，但是在他們所要求的事情上可能沒有真正同心。一個人要求，因為他真的很盼望得到，而另外一個人求那件事，可能只是為了討他朋友的歡喜而已。甚麼地方有真正的同心，甚麼地方神的靈就會使兩個信徒在他們所求的事上得以全然和諧，而聖靈也就會把相同的負擔放在兩個人的心中，這種禱告具有絕對不能抗拒的能力。

3 順服與禱告

一、聖經中題到禱告時，有一節很重要的經文在約翰一書第三章第二十二節裏。

約翰說：「我們一切所求的，就從祂得着；因為我們遵守祂的命令，行祂所喜悅的事。」

何等令人吃驚的話！約翰多次說過，凡他所求的他都得到了。我們中間有多少人敢說這樣的話：「無論我求甚麼我都得着」？然而約翰解釋為甚麼會如此：「因為我們遵守祂的命令，行祂所喜悅的事。」換句話說，若有人盼望神能照他所求的成就，他本人必須先**遵照神所吩咐的去行**。如果我們肯留心聽神給我們的一切命令，神也會側耳聽我們向祂所有的祈求。相反地，如果我們對祂的法則充耳不聞，視而不見，祂也一樣不聽

我們的禱告。在這兒我們就發現禱告不被答應的原因：我們沒有留心聽神的話，所以祂也不會留心聽我們的祈求。

　　我曾有一次同一個婦人談話，她曾經自稱是個基督徒，但後來卻不信了，我問她為甚麼不作基督徒了，她說她不相信聖經。我問她為甚麼不相信聖經。

　　「因為我曾試驗過聖經的應許，發現不真實。」

　　「那些應許？」

　　「關於禱告方面的應許。」

　　「那些關於禱告方面的應許？」

　　「聖經不是說：『無論你求甚麼，只要信就必得着』嗎？」

　　「它是說過類似的話。」

　　「可是我滿心盼望能得着所求的，卻未得着，所以聖經的應許對我是落空了。」

　　「這個應許是不是對你說的？」

　　「當然，它是針對所有基督徒說的，不是嗎？」

　　「不然，神仔細地解釋，『你們的』是指那些有信心的禱告祂纔會答應。」

　　然後我翻開約翰一書第三章第二十二節給她看，把裏面所描寫的那些有神能力禱告之人的話讀給她聽。

　　「那麼，」我問，「你是否遵守祂的命令並行

祂所喜悅的事呢？」

她坦白地承認沒有，而且不久就發現眞正的難處不在於神的應許，而在於她自己。這也是今天很多人禱告不得答應的難處：禱告的人沒有順服。

如果我們要禱告有能力，就必須對神的話懇切學習，明白祂在我們身上的旨意是甚麼，一旦發現了就要去行。在我們身上若是有一次不順服的事沒有認罪的話，神就掩耳不聽我們許多的要求。

二、然而這一節聖經還不僅指要遵守神的誡命；約翰告訴我們必須行祂眼中所喜悅的事。

有很多神所喜悅的事是我們可作的，而這些事並非神特別給我們的命令。一個誠實的好兒子並不滿足於僅爲父親作一些他特別指定要作的事。好兒子乃是要明白父親的旨意，如果他想到任何一件他能作的事可使父親喜悅的話，他都會高興地去作，縱然他的父親從未命令過他去作。這就是神眞實兒女的光景。兒子不僅僅問，那些事是非作不可，而那些事是他不可作的，他還要設法知道父親對一切事的旨意是甚麼。今天有許多基督徒作一些事情並不討神喜悅，而那些討神喜悅的事卻不去作。當你同他們談到這些事時，他們會立刻當面問你：「聖經裏可曾有命令不可作這件事？」如果你不能找出一節聖經明確指出

某件事是被禁止不可作時,他們就認為沒有理由和必要放棄不作;但一個真實神的兒女是不需要神特別命令的。如果我們認真思考去發現那些事是討神喜悅而去作時,神也就會同樣地認真顧及應許那些事使我們喜悅。這裏我們就再一次找到禱告不得答應的答案:我們沒有把父親所喜悅的是甚麼事當成生活中思念的中心,所以我們的禱告未得答應。

舉一些經常出現的問題作例子來說,諸如看電影,跳舞,吸烟等。許多樂於此道的人當你反對他們作這些事時,他們會得意地問你:「聖經說,『你不可去看電影』嗎?」「聖經說,『你不可以跳舞』嗎?」「聖經說,『你不可吸烟』嗎?」問題並非如此。問題乃在於我們天上的父當祂看到祂的孩子看電影、跳舞、吸烟時,祂會喜悅嗎?每一個人遇到這類問題都要自己作決定,多多禱告,尋求從聖靈來的光照。很多人會問:「這些事有甚麼害處?」我們不打算談一般的害處,但有一個害處是不容置疑的──這些事奪走了我們禱告的能力。

三、**關於當如何禱告,詩篇第一四五篇第十八節給我們看見很大的亮光:**

「主就近那些求告祂的人,就是誠心求告祂的人。」(另譯)

「**誠心**」一詞就足以值得我們去思考,如果你

用「經文彙編」查遍全本聖經，就會發現這個詞的意思是「眞實地」，「誠心誠意地」。神所答應的禱告都是眞實的和誠心誠意向神所求的禱告。

許多時候的禱告並不是誠心誠意的。有人所求的並不是所盼望得到的。常有婦人禱告盼她的丈夫能得救，而實際上她並不那麼切望丈夫得救。她以爲她是希望丈夫得救，但如果她能知道丈夫得救所牽涉到的事，例如他必須完全改變作生意的態度，結果他們的收入勢必減少，生活方式不得不完全改變，那麼她若向神誠實的話，一定會從心中禱告說：「神啊，不要使我的丈夫得救。」

她不願意爲丈夫的得救付出那麼大的代價。

常有教會爲復興禱告，而並不眞實盼望教會有一次復興。他們之所以盼望復興，乃因爲他們頭腦中所想到的復興只是指着敎友人數增加，收入增加，在衆教會之間的名望上升；設若他們知道眞實的復興包括那些自稱「基督徒」的人內心的尋求神，個人徹底的轉變，家庭及社交生活的轉向。還有，如果聖靈帶着眞實和能力澆灌下來會導致許多其他事情發生時，教會若眞認清這件事，就會向神發出眞實呼喊：

「神啊，保守我們不要有復興。」

也有的傳道人禱告求聖靈充滿，而實際上他並不眞的盼望得到。他之所以盼望得到，是因爲聖靈充滿對他來說是指望新的喜樂，傳講神的話

有新的能力，在人中間有更大的名望，在敎會裏
也更能舉足輕重。但若他眞懂得聖靈充滿所造成
的必然結果，諸如他必然遭受到世人和不屬靈基
督徒的敵對，會使他的名被人「棄掉……以爲是
惡」，會迫使他離開原有的舒適生活而去貧民窟
工作，或甚至到外國去傳道；若是他知道會有這
些事發生，若是他說出眞心話，他的禱告就會是
這樣：「神啊，讓我不要被聖靈充滿。」

　　但當我們眞的到了一個地步，盼望付出任何
代價使朋友得救，眞實盼望聖靈澆灌而不計後
果，眞實盼望不計代價被聖靈充滿，所盼望的一
切都是在「眞實裏」，而向神的求告也在「眞實裏」
時，神就要垂聽。

4 奉基督的名 並照着神的旨意禱告

一、論到禱告

主耶穌在被釘的前一天晚上，跟祂的門徒講話時用了一個很奇妙的詞：「你們*奉我的名*，*無論求甚麼，我必成就，叫父因兒子得榮耀。你們若奉我的名求甚麼，我必成就*」(約十四13～14)。

奉基督的名所作的禱告帶有神的能力。神非常喜悅祂的兒子耶穌基督。祂常聽祂的兒子，而且也常聽那些真實奉祂兒子名的禱告。基督的名字有一種香氣，以至於每一個有這香氣的禱告都是神所悅納的。

然而甚麼叫作奉基督的名禱告呢？

曾有許多解釋被試用過，結果一般人的頭腦都無法領會。其實這個說法並不是神祕不可思議

的。假使你將全本聖經看過，查出其中所有「奉我的名」或「奉祂的名」或其同義詞，都會發現這個詞的意思同現代的用法差不多。若是我到一家銀行，交進去一張有我親筆簽名的支票，我乃是用我自己的名請求銀行付欵。我若在該銀行有存欵，這張支票就可兌現；否則就不行。然而若我拿了一張別人簽名的支票去銀行，我乃是奉他的名請求付欵；至於我有沒有存欵並無關係，只要簽名的人有存款，支票即可兌現。

比方說，我如果到了芝加哥的第一國家銀行，拿出一張我簽了名的現金五十元的支票給辦事員，他會告訴我說：

「妥銳先生，我們不能付你現欵。你在我們銀行沒有存欵。」

但同樣的，這家銀行看到我拿着一張別人簽給我的五十元支票，而簽名的人是那銀行的大存戶，他們就不管我是否在該銀行有存欵，而立刻把現金付給我。

當我到神面前禱告時，就好像是到天堂的銀行一樣。我在那裏無分文存欵；我一點信用都沒有，若我因自己的名去，是絕對甚麼也得不到的；然而耶穌基督有無限的信用在天上，祂已經答應授予我權利在我的支票上簽祂的名字，當我這樣到神那兒去時，我的禱告就會無限制的被悅納。

因此奉基督的名禱告，乃是根據基督的信實

禱告，不是我的信實；必須棄絕那種以爲自己有
任何資格，可向神求甚麼的思想，而是根據基督
的資格來親近神。奉基督的名禱告，不是僅僅在
禱告的最後加上一句：「我祈求這些是奉耶穌基
督的名。」我可能在禱告後加上這句話，但實際
上每次卻是將功勞歸給自己。相反地，每次禱告
可以沒有講這句話，但實際上每次都能安息於將
一切好處歸於基督。但當我眞正親近神時，若不
是靠自己的功勞而是靠着基督，不是靠着自己的
良善而是靠着祂的贖罪寶血（來十19），神就要
聽我的禱告。當今的許多禱告都枉然白費，就是
因爲人親近神時，內心自以爲他們有權利向神
求，所以神就有義務答應他們的禱告。

　　許多年前，當慕迪先生還年輕作主工的時
候，他訪問伊利諾州的一個小城，城裏有一位不
信任何宗敎的法官。這個法官的妻子懇求慕迪先
生去看望她的丈夫，但慕迪回答說：「我無法同
你丈夫交談。我不過是個受過很少敎育的年輕基
督徒，而你丈夫卻是個有學問的不信者。」

　　但這個法官的妻子一直堅持請求他去，結果
慕迪就去了。當這個從芝加哥來的年輕基督徒進
去同這位有學問的法官談話時，外面辦公室的職
員們都偷偷地在笑他。

　　談話很簡短。慕迪先生說：「法官先生，我
無法同你交談。你是位有學問的無神論者，而我
卻是個沒有讀過多少書的青年基督徒，我只願簡

單地告訴你，如果有一天你得救了，我要你讓我知道。」

法官回答說：「好吧，年輕人，如果有一天我得救了，我會讓你知道。是的，我會讓你知道。」

談話至此結束。這位熱心的青年基督徒離開辦公室時，裏面的職員們笑聲更大了。但是這位法官沒到一年就得救了。慕迪先生再來訪問這個地方時，問及法官是如何得救的。法官說：「有一天晚上，我的妻子去參加禱告會，我在家中就開始感覺不安與悲哀，我並不曉得是怎麼回事，在我妻子返家前我就先上牀了。但我整夜都無法入睡。第二天我起得很早，告訴我太太我不想吃早飯，於是就到辦公室去，告訴職員們那天放他們的假，然後把自己關在裏面的辦公室內，心中愈來愈感覺不安與悲哀，終於我跪下來求神赦免我的罪，但我不願說『爲了耶穌的原故』；因爲我是神體一位論者，並不信贖罪的事。我一直禱告『神啊！赦免我的罪！』但仍沒有結果。最後我終於絕望地喊說：『神啊！爲了基督的緣故赦免我的罪。』立刻，我就得到無限的平安。」

法官沒有機會接近神，無法得赦罪平安，直到他奉基督的名來到神前，當他奉基督之名這樣近前時，他的禱告立刻被垂聽。

二、約翰一書第五章第十四、十五節的亮光照在「如何禱告」這個題目上：

「我們若照祂的旨意求甚麼，祂就聽我們，這是我們向祂所存坦然無懼的心。既然知道祂聽我們一切所求的，就知道我們向祂所求的都可陳明」（修訂譯本）。

這一段很清楚地教導我們，若是我們想禱告得真確中肯，就必須照神的旨意禱告，這樣，毫無疑問的，我們必可得到我們向祂所求的。

然而我們怎能知道神的旨意呢？能否知道任何一個、甚至是特別的禱告，都是合乎祂的旨意呢？

大多數的禱告我們都能肯定知道。

如何能知道呢？

(一) 藉着神的話

神在祂的話中已啟示出祂的旨意。每逢在神的話中確定地應許了某件事時，我們就知那是出於祂的旨意。如果我禱告時，從神的話中發現一個很明確的應許，我就可以把這應許放在神面前，我知道祂會聽我的禱告；既然我知道祂必聽禱告，我就可以向祂陳明所求於祂的事。比方說，我要向神求智慧。我知道賜我智慧是神的旨意，因爲祂在雅各書第一章第五節中這樣說：「你們中間若有缺少智慧的，應當求那厚賜與眾人，也不斥責人的神，主就必賜給他。」因此當

我求智慧時，我知道祂必聽我的禱告，而將智慧賜給我。同樣情形，當我求聖靈時，我從路加福音第十一章第十三節：「你們雖然不好，尚且知道拿好東西給兒女，何況天父，豈不更將聖靈給求祂的人麼？」而知道那是神的旨意，知道祂會聽我的禱告，所以我就向祂陳明我的祈求。

幾年前一位傳道人來找我，當時我剛剛結束在青年會聖經學校作了有關禱告的講道，他說：

「你已經使這些青年人有了一種認識，知道他們可以向神求特定的一些東西，而且真的就能得着。」

我回答他說，我不知道這種認識是否由我造成的，然而那確是我所盼望能使他們有的認識。

「但是，」他說，「那是不對的。我們不能太有把握，因為我們不明白神的旨意。」

我立刻翻到雅各書第一章第五節，讀給他聽，向他說：「難道神的旨意不是要給我們智慧？若是你要求智慧，你不知道你會得到嗎？」

「啊！」他說，「我們並不明白智慧是甚麼。」

我說：「不然，我們若明白就不需要求了；但無論智慧是甚麼，你不知道你需要得着嗎？」

當然我們有權利要明白。我們從神的話中發現一個特別的應許，如果我們懷疑那是神的旨意，或是懷疑神是否會照所求的給我們，我們就把神當作說謊的。

使禱告有效有一個最大祕訣：研讀神的話，

從應許中發現神所啟示的旨意，然後直接將這些應許藉着禱告攤開在神面前，絕對堅定地盼望祂要照祂話中的應許成全。

㈡還有另一個方面可以知道神的旨意，那就是藉聖靈的教導。

我們有許多事必須向神求，而這些事可能不包括在任何特別的應許中，即使在這情況下，我們也可以知道神的旨意。羅馬書第八章第二十六、二十七節告訴我們說：「同樣地聖靈也幫助我們的輭弱，因我們不知道當如何禱告，是聖靈親自用說不出來的嘆息為我們代禱；鑒察人心的知道聖靈的意思，因聖靈照着神的旨意替聖徒代求」（修訂譯本）。這裏很清楚地告訴我們神的靈在我們裏面禱告，順着神的旨意吸引我們禱告。當我們這樣在任何方面受聖靈引導為任何事件禱告時，我們可以全心相信是神的旨意，而且相信所有向祂的祈求都必得着，縱或聖經中沒有特別對這件事所作的應許。神常藉聖靈把沉重的禱告負擔加在我們身上，讓我們為着某一個人禱告。我們無法安息，我們用說不出來的嘆息為他禱告。或許我們根本無法和那人接觸，但是神聽我們的禱告，而且常常是我們為他禱告了一陣子之後，就聽見他悔改得救的消息。

約翰一書第五章第十四、十五節是最被人誤用的經節之一：「我們若照祂的旨意求甚麼，祂就聽我們；這是我們向祂所存坦然無懼的心。既

然知道祂聽我們一切所求的，就知道我們所求於祂的無不得着。」無可置疑的，聖靈把這一段放在聖經裏，用以激勵我們的信心。這一段先說到，「這是我們向祂所存坦然無懼的心。」而最後一句又說，「就知道我們所求於祂的無不得着。」這節經文顯然要幫助人建立「坦然無懼」的信心，可是卻常常被用來作爲禱告不敢有把握的藉口。常常當有人禱告得滿有信心時，某位很謹慎的弟兄就同他說：

「聽着，不可太有信心。如果是神的旨意，祂纔會成全。你應該說：『如果那是你的旨意。』」

無疑的，多少時候我們不知道神的旨意，在禱告中常以順服神最佳旨意爲基礎；但當我們明白了神的旨意就無需再用「如果」這個字眼了，聖經中記載這一段並不是要我們在禱告中用那麼多「如果」，而是要我們把「如果」的思想拋出，而以「坦然無懼的心」「知道」我們向祂所求的無不得着。

5 在聖靈裏禱告

一、禱告要靠聖靈。

前面我們已一再題到，這是很確定地記在以弗所書第六章第十八節中：「**靠着聖靈隨時多方禱告祈求**」；猶大書第二十節也說：「**在聖靈裏禱告。**」眞的，整個的禱告祕訣就是這四個字：**在聖靈裏**。這種禱告乃是由神的靈所感動的，也是父神來答應的。

門徒們不知道怎樣照着應該禱告的來禱告，所以他們對主說：「**主阿，教導我們禱告。**」我們也像主的門徒一樣不知道如何禱告，但我們另有一位導師隨時幫助我們（約十四16～17）。「**聖靈幫助我們的軟弱**」（羅八26，修訂譯本），祂教導我們如何禱告。眞實的禱告是在聖靈裏的禱告；就是說，禱告是由聖靈的感動並引導的。當

我們進入神的同在時就該認清「我們的軟弱」，認清我們本不知道當為甚麼目的禱告，或是當如何禱告，認清我們根本沒有能力禱告得真切中肯，我們就應該仰望聖靈，把自己完全投向祂，讓祂來引導我們禱告，傾吐我們的心願，並且教導我們把心中所願的向祂陳明。

最愚蠢的禱告莫過於粗心大意地一到神面前，就把腦子裏第一件想到的事向神求，或者"忽忽忙忙"地提出某位朋友請我們代禱的事項。我們一進到神的面前就該先安靜下來，仰望祂差遣聖靈來教導我們如何禱告。我們必須等候聖靈，然後把自己交給聖靈，這樣纔會禱告得真確合乎神旨。

常有這樣情況：我們來到神前禱告時並不感覺到想要禱告。遇到這種情形怎麼辦呢？是否該停止禱告等感覺想禱告時再禱告呢？不是這樣。在我們最不想禱告的時候正是我們最需要禱告的時候。這時我們就該安靜等候在神面前，告訴祂我們的心冷淡得不想禱告；仰望神，相信祂並盼望祂藉着聖靈來甦醒我們的心靈，吸引我們禱告。不久聖靈同在的熱與光就充滿了我們的心靈，然後我們就會開始禱告，且是自由的，直接的，迫切的，有能力的禱告。在我的經歷中，有許多最蒙福的禱告在一開始時感覺全然死沉沒甚麼可禱告的；然而就在我心冷無助之際，把自己投靠在神身上，仰望祂藉着聖靈教導我禱告之

時，祂就成全了我所信託於祂的。

　　我們若在聖靈裏禱告的時候，我們就會求對的事情，禱告的態度也是對的，在禱告中也就滿了喜樂與能力。

二、若想禱告有能力就必須要有信心

　　馬可福音第十一章第二十四節中耶穌說：「所以我告訴你們，凡你們禱告祈求的，無論是甚麼，只要信是得着的，就必得着。」無論神話語中的應許是多麼肯定，我們仍不能在實際經歷中享受它，除非我們滿有信心地盼望祂的應許，成全於禱告之得着答應。雅各說：「你們中間若有缺少智慧的，應當求那厚賜與眾人，也不斥責人的神，主就必賜給他。」既然應許是如此肯定，而下面一節又加上說：「只要憑着信心求，一點不疑惑；因為那疑惑的人，就像海中的波浪，被風吹動翻騰。這樣的人，不要想從主那裏得甚麼。」因此必須有信心，滿懷堅定的盼望。然而還有一種信是超越盼望的，相信禱告已蒙了垂聽，應許也得成全。這是出自馬可福音第十一章第二十四節的話：「所以我告訴你們，凡你們禱告祈求的，無論是甚麼，只要信是得着的，就必得着。」

　　然而人如何纔能得着這樣的信呢？

　　我們特別強調，信不是辛辛苦苦作成的。很多人讀到這個信心禱告的應許，就求一些他想得

到的東西，想辦法使他自己相信神聽了他的禱告。這樣作結果只有失望，因為那不是眞正的信，而且所求的也沒有得到。就因這一點很多人的信全然崩潰了，只因他想藉意志的力量作出信心來，但當他們自信會得到的東西未得到時，信心的根基往往因此受到損壞。

然而眞實的信是從何而來的呢？

羅馬書第十章第十七節正好回答這個問題：「可見信道是從聽道來的，聽道是從基督的話來的。」若我們想有眞正的信，就必須仔細讀神的話，發現祂應許的是甚麼，然後就是相信神一切的應許。信心必須有根據。只試着相信一些你想相信的不是信心。信神所說的話纔是信心。若我想帶着信心禱告，就必須從神話語中得到某一個應許，使我的信有根基。不僅如此，信也由聖靈而來。聖靈懂得神的旨意，若我在聖靈裏禱告，仰望聖靈教導我神的旨意是甚麼，祂就會順着神的旨意使我開始禱告，並賜我信心，相信禱告定會蒙答應。眞實的信絕非來自於自己決定想得到甚麼就會得到的那感覺。若神的話中沒有應許這事，而且沒有聖靈清楚的引領，就不可能有眞實的信，那麼你也不必因在這事上缺乏信心而自責抱怨。但若所求的事是在神話語的應許中，我們就應該因懷疑、缺乏信心而自責；因為懷疑神的話就是把神當作說謊的。

6 常常禱告不可灰心

在路加福音中，主耶穌藉着兩個比喻，強調人應該學的一個功課，就是常常禱告不可灰心。第一個比喻在路加福音十八章一至八節，第二個在十一章五至八節。

「耶穌設一個比喻，是要人常常禱告，不可灰心；說，某城裏有一個官，不懼怕神，也不尊重世人。那城裏有個寡婦，常到他那裏，說，我有一個對頭，求你給我伸冤。他多日不準；後來心裏說，我雖不懼怕神，也不尊重世人，只因這寡婦煩擾我，我就給她伸冤吧，免得她常來纏磨我。主說，你們聽這不義之官所說的話。神的選民晝夜呼籲祂，祂縱然為他們忍了多時，豈不終久給他們伸冤麼？我告訴你們，要快快的給他們伸冤了，然而人子來的時候，遇得見世上有信德

麼？」（路十八1～8）。

「耶穌又説，你們中間誰有一個朋友，半夜
到他那裏去説，朋友，請借給我三個餅，因為我
有一個朋友行路，來到我這裏，我沒有甚麼給他
擺上。那人在裏面回答説，不要攪擾我；門已經
關閉，孩子們也同我在牀上了；我不能起來給
你。我告訴你們，雖不因他是朋友起來給他，但
因他情詞迫切的直求，就必起來照他所需用的給
他」（路十一5～8）。

在第一個比喻裏耶穌説出禱告時纏磨的重要
性，使人很吃驚。祂用「纏磨」一詞，字義即是**不
顧臉面**，好像是説耶穌要我們明白，神喜悅我們
帶着一種態度親近祂，就是不顧臉面地祈求，即
使遭到拒絕或延遲，也不稍減其決心。神喜悅我
們有神聖的膽量，不接受「不」作為回答。那真是
極大信心的表現，沒甚麼比信更使神喜悅。

耶穌似是不在乎地把那個叙利亞腓尼基婦人
捨棄不管，其實並不是不管她，耶穌看她那樣不
顧一切地纏磨祂，祂心中喜悅，於是説：「**婦
人，你的信心是大的；照你所要的，給你成全了
罷**」（太十五28）。神有時不叫我們一開始努力
禱告就得着。祂願意藉着迫使我們為了得到那上
好的而更迫切禱告，以便把我們訓練成禱告的精
兵。因此祂有時不照我們起初所求的成全我們。
祂要我們為那上好的而禱告得更迫切，成為明白
祂旨意堅強的禱告者；祂也要使我們**禱告得**

透徹。

　　我很高興如此的情形，即最蒙福的操練禱告之方法，就是神迫使我們一而再，再而三地禱告，即或經過多年纔得到向神所尋求的。可惜很多人在神沒有答應他們起初的禱告時，就決定「順服」神的旨意，他們說：「啊，或許這禱告不合神的旨意。」

　　通常這並不是順服，而是屬靈的懶散。我們不以為一個人經過一兩次努力，沒達到目的而放棄是順從神的旨意；我們只說這是性情薄弱。一個剛強的人是，一開始作一件事，就有非完成不可的決志，就是失敗了一百次仍然繼續努力地作下去，直到事情完成為止；一個剛強禱告的人也是如此，他一直的恒切禱告，非要祈求得到答應不可。我們要謹慎向神求，但既然已經開始為某件事禱告，就絕不半途而廢，直到得着為止，除非神很清楚很確定地指示我們這並非祂的旨意。

　　有些人認為，為着同一件事情禱告兩次就是表示不信，一次祈求就該得着。無疑地，有些時候藉着信神的話或聖靈的引導，第一次向神求就得着了；但毫無疑問的，又有不少的時候，一件事情要經過多次的禱告纔會得到答應，不可以為，凡是為同一件事禱告超過兩次就是越過了他們的主的經歷（太二十六44）。慕勒（George Mueller）為兩個人的得救，禱告了前後六十年之久。其中一個在他過世前所主持的一次聚會中信

主；另一個在他被主接去一年後才悔改。今天最
需要的一件事，就是弟兄姊妹不是只為某些事開
始有了禱告，而是要繼續不斷地恒切禱告，直
到向神所求的事得到答應為止。

———

7 住在基督裏

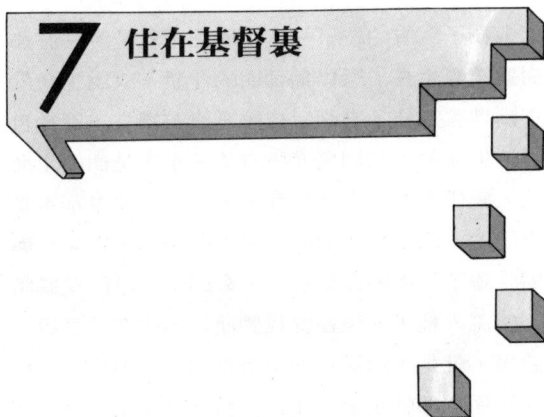

「你們若住在我裏面，我的話也住在你們裏面，凡你們所願意的，祈求就給你們成就」（約十五7）。禱告的整個祕訣可從主的這些話中找出。這樣的禱告是有無限能力的：「凡你們所願意的，祈求就給你們成就。」

這樣說來，有一個方法不僅使我們能祈求，而且使我們分毫不差地得到所求的一切。基督說出了兩個使禱告有效的條件：

第一個條件，「你們若住在我裏面。」

住在基督裏是甚麼意思？

有些解釋太過神祕也太深奧了，以至於對一些心思單純的神的兒女說起來助益不大；其實耶穌這話所指實在非常簡單明瞭。

祂把自己比作一棵葡萄樹，把祂的門徒比作

葡萄枝子。有的枝子一直在樹上，就是說一直和樹連結着生長，所以葡萄樹的汁漿，或說生命就不斷地流入枝子裏面。枝子是沒有獨立、屬於自己的生命的。它們裏面所有的只不過是樹的生命流入它們裏面。它們的芽，葉，花，及果都不是自己的，都是葡萄樹的。另外一些枝子則完全與樹脫離了，樹的汁漿──生命因某種原因受攔阻不能流入枝子。現在就我們而言，住在基督裏的意思，就是與祂保持前面所說的第一種枝子與樹的關係；那就是說，住在基督裏就是棄絕個人任何獨立的生命，放棄一切自己的思想、自作主張的決定、出於自己的感覺，只是單純地、不斷地仰望基督，思想祂對我們有甚麼計劃，追尋祂在我們裏面的目的，感覺祂在我們裏面的感動、催促和約束；棄絕一切脫離基督而獨立的生活，不斷地仰望祂，使祂的生命能一直流進我們裏面，藉着我們使這生命流露出來。當我們如此實行的時候，我們禱告所求於神的都要得着。

　　情形必定就是如此，因爲我們的願望不再是自己的，而是基督的；我們的禱告實際上也不再是我們的，而是基督在我們裏面的禱告。這種禱告常是與神的旨意相符，且父神也常聽祂。我們的禱告若是失敗，因爲那是實實在在是出於我們自己的禱告。我們早已自己懷了那種願望，早把我們所願的都計劃好了，卻未仰望基督在我們裏面禱告。

　　一個人應該是時時住在基督裏，仰望基督藉着祂禱告而不是憑自己禱告。換句話說，就是指一個人「在聖靈裏」禱告。當我們這樣住在基督裏時，我們的思想就不是自己的，而是祂的；我們的喜樂也不是自己的，而是祂的；正如葡萄枝子的芽，葉，花，果都不是屬枝子的，而是屬於葡萄樹本身的，因樹的生命流入了枝子而藉着芽，葉，花，果把它彰顯出來。

　　若要「住在基督裏」，當然，這一個人首先必須「在基督裏」，那就是不單接受基督作救主，把他從罪惡中救贖出來，同時也接受基督作他復活的救主，救他脫離了罪的權勢，並接受祂作他一生的主。我們既已在基督裏了，就要住在基督裏（即是繼續不斷地在基督裏），那只要棄絕我們的己生命，完全棄絕每一個思想，每一個目的，每一個願望，每一個出於己的感情，而時時刻刻單單尋求耶穌基督的旨意、目的、感情、願望。住在基督裏實在說來是一件很簡單的事，但需要光照與啟示，這是充滿特別恩典與權能的奇妙的屬靈生活———種蒙福的生活。

　　第二個條件，同第一個條件的關係密切相聯：「我的話也住在你們裏面。」

　　若是我們想由神那裏得到一切所求的，基督的話就必須或不斷地住在我們裏面，我們必須研讀祂的話，仔細咀嚼，讓祂的話語進入到我們的思想，深入我們的心靈中，並且牢牢地記住，在

生活中一直順服，使神的話彰顯在我們每天的生活及每一個言行中。

這纔真正是住在基督裏。藉着祂的話，耶穌使我們成為祂的一部分。祂對我們所說的話就是靈，就是生命（約六63）。單單指望禱告有能力卻不住在基督裏是枉然的，除非我們住在主裏面好好默想祂的話，使祂的話深入到我們裏面，而在我們心中佔有永久的住處。很多人感嘆為甚麼他們的禱告沒有能力。最簡單的答覆就是因為他們疏忽了基督的話。他們沒將主的話藏在心中。主的話沒有住在他們裏面。不是藉着一時的神祕默想及狂喜的經歷就能學會住在基督裏，我們乃是靠祂的話得到餵養，就是聖經裏所寫出來的話，仰望聖靈將這些話深深種在我們心中，在我們心中成為活的盼望。我們若這樣讓神的話住在我們裏面，就會激勵我們起來禱告。這話成了我們禱告的憑據，幫助我們照神的旨意禱告，這樣的禱告祂必垂聽。我們若疏於研讀神的話，我們的禱告就幾乎不能產生任何果效。

單以人的知識讀神的話仍嫌不夠，必須要默想神的話，使其在心裏反覆地運轉，不住地仰望神藉着聖靈使祂的話在我們心靈中成為活潑的力量。由默想神的話而產生出合乎祂旨意的禱告，最容易進入神聽禱告的耳中。

當代禱告最具能力者之一的慕勒，當禱告時間臨到時，他就開始一邊讀一邊默想神的話，直

到神的話語本身在他心中變成了禱告。這樣神旨
成了他禱告的眞正內容，神也就聽了由祂自己所
激勵出來的禱告。

　　神的話乃是聖靈作工的憑藉，在許多方面說
來，它也是聖靈的寶劍；任何人若願意知道聖靈
在各方面的工作，就必須靠神話語的餵養。任何
人願意在聖靈裏禱告，他必須默想神的話，使聖
靈可以藉着神的話作工。聖靈藉着神的話把祂的
禱告運行在我們裏面，所以若是忽略了神的話，
在聖靈裏禱告是不可能的。但我們若能把神的話
當作能量，加在禱告生命的火燄中，所有禱告的
難處都會消失。

8 感恩的禱告

　　保羅在給腓立比的書信中，題到禱告時常被
忽略的兩個字：「要一無罣慮，只要每件事藉着
禱告和感恩的祈求將你們所需要的告訴神，神所
賜人不能領會的平安，要在基督耶穌裏保守你們
的心和思想」(腓四6～7，修訂譯本)。這裏有兩
個重要的字常被忽略，就是「**感恩**」。

　　我們來到神面前求新的祝福時，不可忘記為
着已得到的祝福向神感恩。若是我們安靜下來想
一想，所有獻給神的禱告有多少是得着答應的，
而對神已答應的禱告，我們又是何等稀少在神面
前感恩，這眞足以叫我們汗顏。誠然，我們禱告
時如何明確所當求的，感恩時也該是一樣。我們
常是帶着特殊的懇求來到神前，但當向神感恩
時，卻顯得那麼含糊籠統。

　　無疑地，有一個原因說明為甚麼我們有那麼多禱告都缺乏能力，就是因為我們沒有因神所已賜給的祝福感謝神。如果有一個人經常來請我們幫助他而從未聽他說過一聲「謝謝」的話，我們很快就不想幫助這個不知感激的人了。真的，如果我們真要對他有益，就是以後不再給他這種知恩不報的機會。無疑地，我們天上的父也常常出於最高的智慧拒絕答應我們的懇求，為的是使我們意識到自己的不知感恩而能學習如何感恩這件事。

　　神的心也常因為我們這種不知感恩的態度而難過。主耶穌醫治好十個患大痲瘋的人，但只有一個回來感謝祂，祂傷痛地說：「潔淨了的不是十個人麼？那九個在那裏呢？」（路十七17）。

　　祂定規是常常垂看我們而心中滿有憂傷，因我們忘記了祂一再的賜福，也忘記了祂經常答應我們的禱告。

　　為着已蒙受的祝福將感謝歸給神，會增加我們的信心，並使我們有新的膽量及新的把握親近神。無疑地，許多人禱告時沒有信心的原因，是他們太少默想神的話，也沒有為神所賜的祝福感謝祂。當人默想神對人的禱告所成全的一切時，信心就變得愈來愈有膽量，而且在靈裏的最深處感覺沒有甚麼對於主是太難的。我們一方面回想一下神對我們的良善，而另一方面想想我們花在感恩上的心思、精力、時間是何等有限，我們就

當在神面前謙卑下來承認自己的罪。

　　從聖經及教會歷史中所記載的那些禱告有能力的人，都是那些會感謝讚美的人。大衛是一個禱告有能力的人，在他寫的詩篇裏充滿了感恩和讚美。使徒們都是禱告有能力的人，關於他們，聖經說到，「他們在殿裏……讚美神。」保羅即是一例，他常在書信裏突然為神所賜的祝福及對他禱告明確的答應而發出對神的感恩。主耶穌在禱告這件事上和其他事一樣，成了我們的榜樣。我們讀主的生平，就可發現，祂連最簡單的食物，也向神祝謝。祂復活以後，有兩個門徒，就是因為看到祂為飲食祝謝的方式而認出祂來。

　　感恩對被聖靈充滿的人是一個必然的結果；一個不能學會「凡事謝恩」的人，就無法在聖靈裏繼續禱告。如果我們想禱告有能力，就該把「感恩」兩個字深深牢記在心。

9 禱告的攔阻

我們已經仔細地題到使禱告有效的積極條件；但也有些事情攔阻禱告。神在祂的話語中說得很清楚。

一、在雅各書中我們發現第一件攔阻禱告的事：
「你們求也得不着，是因為你們妄求，要浪費在你們的宴樂中」（雅四3）。

禱告若為着自私的目的，則使禱告的能力消失。許多禱告都是自私的。這些禱告所求的事情可能都是非常恰當的，也許是神旨意中所願給的，然而其動機是完全錯誤的，因此禱告得毫無能力。禱告真正的目的乃是為使神得榮耀。如果我們的禱告只是為得到自己的快樂或某方面的滿足，我們就是妄求，不必盼望着答應。這也說

明了為甚麼許多禱告一直得不到答應。

譬如說，常有妻子為她的丈夫能得救禱告。那當然是最恰當的祈求；但也常有妻子禱告丈夫得救的動機是完全不恰當的，完全出於自私。她乃是盼望因為丈夫得救了就可以同情她，使她的生活能愉快一些；或者她覺得她丈夫若死後沉淪，實在是件令自己可悲傷的事。為了這一類自私的原因，她盼望丈夫得救。這種禱告純屬自私。那麼妻子到底該懷甚麼意願為丈夫得救禱告呢？最重要的原因是為了神可以得榮耀，因為她不能忍受那種一想到因着丈夫不信神的兒子，而使父神蒙受羞辱。

很多人為了復興禱告，那當然是討神喜悅的禱告；這也是合神旨意的禱告；然而有很多為了復興的禱告是純粹自私的。教會盼望復興可使人數加增，使教會的權力更大，足以影響當地的人，並使財源充足，使其能在牧師聯會等會議上提出漂亮報告。教會和傳道人常為這些低次的目的而求復興，難怪神也經常不理這些禱告。我們到底為甚麼要求復興？為了神的榮耀，因為我們不能容讓神的教會被世俗所攙雜，受不信之人的罪、今世的傲慢不信所羞辱，並因為神的話被棄絕；所以要藉着聖靈澆灌基督的教會而使神得榮耀。為了這些原因，我們要為教會復興而禱告。

很多求聖靈充滿的禱告也可能是自私的。神的旨意當然是要把聖靈給凡求告祂的人——這在

祂的話中清楚告訴我們（路十一13），但是很多
求聖靈充滿的禱告都因着背後自私的動機而受到
攔阻。弟兄姊妹們禱告求聖靈充滿的目的是爲了
求快樂，或能從生活中所遇到的慘敗裏得以解
脫，或是爲得到像其他基督徒工人那樣有能力，
或是爲了其它某種純粹自私的動機。那麼我們當
爲甚麼而要求聖靈充滿呢？乃是爲了不再因着基
督徒的不像樣的生活及服事的無果效而使神蒙
羞；爲了使神因着那進到我們生命中新添的美麗
及我們服事中有新能力而得榮耀。

二、另一種禱告的攔阻記載在以賽亞書：

> 「耶和華的膀臂，並非縮短不能拯救；耳
> 朵，並非發沉不能聽見；但你們的罪孽使你
> 們與神隔絕，你們的罪惡使祂掩面不聽你
> 們」（賽五十九1～2）。

罪使禱告受攔阻。很多人一再地禱告卻從未
蒙答應。或許他會想，禱告不蒙垂聽正是神的旨
意，或是神垂聽禱告的日子已過，太遲了。以色
列人也曾這樣想過。他們想，耶和華的膀臂縮短
了所以不能拯救，耳朵發沉所以再也不聽禱告
了。

以賽亞說：不是如此，神的耳朵從不發沉，
祂的手臂仍一樣有能力拯救；只是受到一個攔
阻，那就是你們自己的罪。你們的罪使你們與神
隔絕，你們的罪使祂掩面不看你們，以至祂不聽

你們的禱告。

今天情形也是這樣。多少人向神哭喊仍是枉然，就是因為生活中有罪。也許是某個以往的罪未經承認和審判，也許是現今的罪而你仍然愛它，很可能不把罪當為罪；但罪卻仍存在着，或被隱藏在心中某個角落，結果神「不聽」。

所以任何人若發現禱告無效驗，不要驟下結論說是因為向神所求的不合神旨意，而應該單獨回到神面前，像作詩的人那樣禱告：「**神阿，求你鑒察我，知道我的心思；試煉我，知道我的意念；看在我裏面有甚麼惡行沒有**」（詩一三九23～24）。等候在祂面前，直到祂指出某一件事在祂眼中是不討祂的喜悅的。然後應該立刻承認並除掉那罪。

我記得很清楚，有一次我為着兩件似乎是必須有的東西禱告，否則神會受羞辱；但不見答應。半夜我醒來時身體極痛苦，靈裏也憂傷，我向神呼求賜我這兩樣東西，並且同神理論一定要讓我立刻得到纔行；但過後仍不見答應。我求神指示我生活中是否作錯了甚麼事。我忽然想起一件事，也是過去經常想過的，無法否認的事，只是我不願承認它是罪。當時，我跟神說：「若是這件事錯了，我願意放棄」；但仍然無結果。在我心的最深處，雖從未認過罪，我卻知道它是錯的。

終於，我向神說：「這件事是錯的。我犯了

罪。我願意將它捨棄，求你赦免。」我找到了平安。不一會兒我就像小孩子一樣睡着了。早晨醒來身體很好，為了榮耀神的名而所需的那筆金錢也來了。

罪是個可怕的東西，其最可怕的一面乃是它攔阻禱告，其方式，就是切斷我們與恩典、能力、祝福的源頭之間的連接。任何人若要禱告有能力，就必須無情地對付他自己的罪。「**我若心裏注重罪孽，主必不聽**」（詩六十六18）。只要是人不脫離罪，或人與神之間有任何爭執的話，我們就不能盼望神聽我們的禱告。如果有任何事物經常出現在你與主親密相交之間，那是你禱告的攔阻。丟棄它！

三、第三種禱告的攔阻出現在以西結書：

「**人子阿，這些人已將他們的偶像接到心裏，把陷於罪的絆腳石放在面前，我豈能絲毫被他們求問麼？**」（結十四3，修訂譯本）人心中的偶像使神拒絕聽我們的禱告。

甚麼是偶像？偶像就是任何替代神的事物，任何一樣在我們心中佔最高位的東西。只有神有權利在我們心中佔最重要地位。所有其他的人、事、物都必須在此之外。

很多人把妻子當作偶像。不是說人不可太愛妻子，而是說他可能把妻子放在錯的地位：他可能把妻子放在神之前；當一個人看重妻子的喜悅

過於神的喜悅時，或當他把妻子放在第一位而把神放在次要地位時，他的妻子就成了他的偶像，而神就不能聽他的禱告。

很多婦人把孩子當成偶像。不是不可太愛孩子。我們越愛基督，就會越愛孩子；但我們可能會把孩子放在錯的地位：我們會把孩子放在神之前，把對孩子的興趣放在神的前面，當我們如此行的時候，孩子即成了我們的偶像。

很多人把他的名譽及事業當成偶像。名譽事業都比神重要。神不能聽這種人的禱告。

我們若願意禱告有能力，就必須對一個很重大的問題下決定，那就是神是否絕對佔首位？祂是否比妻子、兒女、名譽、事業、我們的生活都重要？若不然，禱告不可能有效驗。

神常用一種方法來引我們注意到我們生命中有否偶像這個事實，祂的方法就是不答應我們的禱告，如此就引我們去探討原因何在；結果發現了偶像而將其除去，而後神就垂聽我們的禱告。

四、第四種攔阻禱告的原因在箴言書：

「塞耳不聽窮人哀求的，他將來呼籲也不蒙應允」（箴二十一13）。

恐怕沒有比吝嗇更攔阻禱告的，也就是對窮人及神的工作都不慷慨。只有寬宏施於人的人纔會大量從神領受。「你們要給人，就必有給你們的；並且用十足的升斗，連搖帶按，上尖下流

的，倒在你們懷裏；因為你們用甚麼量器量給人，也必用甚麼量器量給你們」（路加六38）。慷慨的人禱告帶着能力；吝嗇的人禱告必無能力。

有一句最奇妙的話說到有效的禱告（前面已題過），在約翰一書第三章第二十二節，「**我們一切所求的，就從祂得着；因為我們遵守祂的命令，行祂所喜悅的事，**」乃是直接與對貧乏人之慷慨有關。聖經告訴我們愛不是顯在話語與舌頭上，而是在行為與誠實上。當我們的心向貧乏弟兄敞開時，纔真正是我們禱告向神最有信心的時刻。

很多人禱告無能力，就在深處去尋原因何在，其實不必往遠處去找；坦白地講就是吝嗇。前面已經說過，慕勒是一位禱告大有能力的人，就是因為他是一位慷慨的施予者。他從神所領受的從來沒有緊抓着不放；他即刻就給了別人。他一直地領受，因為他一直地付出。想想今天那些自私卻自稱為教會的那些被公認的正統教會，其每一個會友每年為海外宣教工作的奉獻平均不到一塊錢。所以難怪教會幾乎沒有禱告的能力。我們若想從神得着，就必須有給人的。聖經中關於神供應我們的需要最奇妙的應許，或許就記在腓立比書第四章第十九節，「**我的神必照祂榮耀的豐富，在基督耶穌裏，使你們一切所需用的都充足。**」這是神給腓立比教會的榮耀應許，而這應

許直接與他們的慷慨捐輸有關。

五、第五種禱告的攔阻是記載在馬可福音：

「你們站着禱告的時候，若想起有人得罪你
們，就當饒恕他，好叫你們在天上的父，也
饒恕你們的過犯」（可十一25）。

不饒恕的靈是攔阻禱告最常見的原因之一。
禱告被垂聽是基於我們的罪得到赦免；但是，如
果我們對那些以往損害過我們的人懷有惡意，那
麼神也不能赦免我們的罪了。任何一個對人懷怨
的人都會掩蓋神的耳朵，使祂不能聽我們的求
告。多少人呼求神使他們的丈夫，孩子，朋友得
救，而希奇為甚麼禱告不蒙垂聽，整個的關鍵在
於他們心中對傷害過他們的人懷怨。多少的父母
親因為對別人心中懷着怨恨和苦毒而禱告受攔
阻，結果使他們的孩子永遠沉淪。

六、第六種攔阻禱告的原因記在彼得前書：

「你們作丈夫的，也要照知識和妻子同住，
尊重她像尊重與你一同承生命恩典的軟弱器
皿一樣；目的是要你們的禱告沒有攔阻」
（彼前三7，修訂譯本）。這裏很明白地告
訴我們，夫妻之間錯誤的關係對禱告是一種
攔阻。

在很多情形下，丈夫的禱告受到攔阻是因為
他們對妻子未能盡責。無可置疑，在許多情形

下，妻子也是一樣未能盡妻子本分。如果丈夫與妻子眞能用心探討禱告不得答應的原因，就常常會發現，毛病出在他們彼此的關係上。

許多丈夫都自命不凡，以爲自己很虔誠，在基督敎事工上也很活躍，然而他對待妻子卻不夠體貼，即或不是殘忍，也常常是不仁慈的。然而他還奇怪何以禱告不蒙垂聽。剛剛我們引讀的這節聖經正好解釋這種看起來似乎難懂的情形。另一方面，許多婦人對敎會很熱心，也忠心參加一切聚會，但對待丈夫卻是有最不可原諒的疏忽，對丈夫動輒生氣抱怨，用尖銳的話傷他，任意向他發脾氣；然後卻怪自己爲甚麼禱告沒有能力。

還有一些夫妻間其他的事不足向外人道起，但無疑的它們卻常常成了親近神禱告時的攔阻。藉神聖婚姻的名義掩蔽罪，結果會造成屬靈的死亡，禱告也就無能力。任何一個男子或是女子若是禱告不得答應，就該把他們的婚姻生活向着神攤開，求神指出任何在祂眼中不討祂喜悅的事。

七、第七種禱告的攔阻是記在雅各書：

> 「你們中間若有缺少智慧的，應當求那厚賜與衆人，也不斥責人的神，主就必賜給他。只要憑着信心求，一點不疑惑；因爲那疑惑的人，就像海中的波浪，被風吹動翻騰。這樣的人，不要想從主那裏得甚麼」(雅一5～7)。

禱告會受到「不信」的攔阻。神要求我們絕對

相信祂的話。若懷疑祂的話就是把祂當成說謊的。當我們懷疑神的應許時就是這種情形，難道還有甚麼可以怪神不聽我們的禱告嗎？多少禱告都因着我們邪惡的不信而受到攔阻！我們到神面前去求一件明明是神在祂話語中所應許的事，但我們卻懷疑會得到它。「這樣的人，不要想從主那裏得甚麼。」

10 何時禱告

我們若想知道在禱告生活中，神所賜的福有多麼豐富，那我們不僅須要禱告得合宜中肯，而且禱告的時間也要適時。基督個人的禱告就是一個榜樣，指示我們要在合適的時間禱告。

一、馬可福音第一章第三十五節中說：

「次日早晨，天未亮的時候，耶穌起來，到曠野地方去，在那裏禱告。」

主耶穌選擇清晨的時間禱告。許多大有神的能力的人在禱告上，都效法基督的榜樣。人的心思在清晨是最安靜最清新的時刻。這時不會分心，而且可以向神絕對專心，這對禱告的產生果效是極其重要的。因此清晨是禱告最好的時間。不僅這樣，當我們把清晨的時間用在禱告上的時

候，就會從中得到能力勝過誘惑，整天過聖潔的
生活，並使所有禱告產生果效。清晨的禱告會比
一天中其他時間的禱告更有果效。每個神的兒女
若願更多為基督而活，就該把每天最美好的時間
分別出來，在神的話裏與禱告中遇見神。每天第
一件事就是要單獨地與神同在，面對一天當中的
責任，服事，甚而誘惑，從神得力。在任何試
煉，誘惑，服事來臨之前就先獲得得勝能力。禱
告奧祕的地方就是我們爭戰得勝的地方。

二、路加福音第六章第十二節使我們更進一步看見禱告的最好時刻：

> 「那時，耶穌出去上山禱告；整夜禱告神。」

這裏給我們看見主耶穌在夜裏禱告，把整夜
的時間放在禱告上。當然我們不能就此假定我們
的主經常如此作，甚至也不知道主到底作過多少
次，不過主確是不只一兩次整夜禱告。在這件事
上我們也該學習着跟隨我們主的脚踪行。

當然，有時用這種把夜晚分別出來禱告的作
法，一時未見有效；那是因為純粹是形式主義。
但不能因為不滿於這樣的禱告而把這件事
情之屬靈價值疏忽不顧。人不該說：我要花整夜
的時間禱告，而心裏卻想：這樣作可以立功討神
喜悅；那又是另一種形式主義。但我們卻可以這
樣說：「我願把這個夜晚分別出來，為着遇見神

得祂的祝福和能力；若有必要而且神也如此引領的話，我願整夜禱告。」常常是我們的禱告負擔已完而時間尚早，我們就可以就寢，並且會發現這樣的睡眠比把時間用在禱告上更使人精神充沛。但也有的時候，無疑地神為了要我們與祂保持深處的相交，會讓我們禱告直到清晨；當祂以無窮的恩典如此作的時候，這整夜的交通是何等蒙福！

徹夜向神的禱告可以帶來白天應付人的能力。夜間的世界是一片寂靜，我們可以很容易地不受任何擾攘而單獨在靈裏與神相交。我們若能將整夜分別出來禱告就無須慌忙，有足夠時間使我們的心在神面前安靜下來，整個心思也可以受聖靈的引導，也有足夠時間把許多事禱告透徹。整個夜間的禱告應該完全受神的控刻。不為自己立任何規則，例如要禱告多久，或要禱告些甚麼事，但是要預備好自己，隨祂的引領等候祂一段時間，並由祂帶領我們朝祂認為合適的方向、目標去禱告。

三、耶穌基督在世生活時，每遇重大事件之前，祂一定先很好地禱告。

祂在揀選十二門徒以前先禱告；在山上寶訓之前先禱告；在出外傳福音之前先有禱告；在祂被聖靈所膏及進入公開事奉之前也是先禱告；在向門徒宣告將要受死之前；在祂上十架完成祂偉

大使命之前都先有禱告（路六12～13；路九18，21～22；路三21～22；可一35～38；路二十二39～46）。祂為了預備進入每一個緊要關頭而把禱告時間抓緊。我們也應該如此。每逢生活中預見到有緊要難處要來臨時，我們應該藉着更多的時間敞開的禱告神，以支取屬天能力。這種禱告需要花相當多的時間。

四、基督不僅在祂生活中的重大事件裏，及勝利之前禱告，並且也在偉大成就及重要關頭之後禱告。

當主用五餅二魚使五千人吃飽之後，羣衆想擁護祂作王，主打發他們散去之後獨自上了山，花很長時間禱告神 （太十四23；約六15）。所以祂能連續不斷地得勝。

一般人在生活中有大事來臨之前禱告，比事情過了之後禱告要普遍，然而後者與前者是同樣重要。若是我們能在生活的重大關頭、大的得勝之後仍然同樣禱告，就會繼續有更大的得勝經歷；但事實是我們常常因着我們奉主名所作的事不是自滿，就是精疲力盡以致不再前進。很多人禱告得到答應，得着能力，奉主的名作了一些大事，待事成之後卻不獨自謙卑來到神面前，將一切榮耀歸給祂，反而沾沾自喜，使神不得不從此把他放在一邊。大事成就之後，若不降卑自己謙卑在主面前向神感恩，驕傲就會進來，一個剛強

之人的能力就會失去。

五、耶穌基督在生活異常忙碌時特別把時間用在　　禱告上。

　　祂常從擁擠的羣衆中退到曠野去禱告。就如我們在路加福音第五章第十五、十六節中讀到：「但祂卻自行退到曠野去禱告」（修訂譯本）。

　　有些人太忙了，以致找不出時間禱告。顯然，主的生活越忙碌祂就越禱告。有時連吃飯的時間都沒有（可三20），有時祂也缺乏必須的休息及睡眠時間（可六31，33，46）；但祂一直有時間禱告，工作越是繁重越是禱告。

　　很多有能力的人從主基督學會了這個祕訣；當工作比平時更繁忙的時候，他們越是撥出更多的時間禱告。另外也有很多曾經是剛強的人，卻因着沒有學會這個祕訣，讓更多的工作把禱告擠掉了，因而失去能力。

　　多年前作者同一些神學生有一次特別機會，向一位當代最被主用的基督徒請教問題。作者受引導問他說：「你可否告訴我們一些你禱告的生活？」

　　那個人沉默了一會兒，隨即轉眼懇切地望着我回答：「我必須承認最近因爲工作太重，使我未能把該有的時間放在禱告上。」

　　那樣的人如果失去能力，並且在他正作的工作中被削弱到一個顯明低落的程度，這有甚麼可

奇怪的呢？但願我們永不忘記工作壓得越重，越應該花更多的時間禱告。

六、耶穌基督在生活中的重大試煉來臨之前先禱告。

當祂越來越接近上十架，認清祂生命最後最大的試煉將要臨到時，耶穌出去到一個園中禱告。祂到了一個地方名叫客西馬尼，就對門徒們說：「你們坐在這裏，等我到那邊去禱告」（太二十六36）。加略山的得勝在客西馬尼的那天晚上已經成功。在彼拉多的審判廳及加略山的猛烈攻擊面前，主所顯出來的君王威嚴的尊榮，正是祂在客西馬尼園中重壓，痛苦，得勝的結果。當主耶穌禱告時門徒們卻睡着了，因此主能堅如磐石，而門徒們卻可恥地跌倒了。

很多試探或試煉都是突如其來地臨到我們，而我們所能作的就是在當時當地揚聲呼求神的幫助；但也有很多生活中的試探或試煉是可預見的，遇到這種情形，在試探、試煉即將臨到之先，我們就該先禱告得安穩而過並贏得勝利。

七、在帖撒羅尼迦前書第五章第十七節中說：「不住的禱告。」以弗所書第六章十八節中又說「隨時禱告。」

我們整個生活應該是一個禱告的生活。我們應該不斷行在與神的交通中。我們的魂也當不住

地仰望神。我們應該非常習慣行走在祂的同在中，甚至當我們夜間醒來時，最自然的事就是向祂感恩，向祂祈求。

11 普遍復興的需要

　　若是我們在這樣的時代要禱告得中肯，就該有夠多的禱告是爲了普遍的復興。如果有一個時代需要我們像作詩的人那樣向神呼喊說：「你不再將我們救活，使你的百姓靠你歡喜麼？」（詩八十五6），那就是我們所生活的今天。現今就是主作工的日子，因爲人廢了神的律法（詩一一九126）。聖經所記主的聲音全然被世界、甚至也受教會所藐視。當今的時代不是氣餒的時候——一個相信神及聖經的人不可氣餒；而是一個讓耶和華自己進來工作的時代。一個智慧的基督徒，一個在錫安的城牆上全然儆醒的守望者，可以像古時作詩的人一樣呼喊說：「耶和華作工的時候到了，因爲他們廢了你的律法」（詩一一九126，修訂譯本）。

今天最大的需要就是普遍的復興。

我們首先要思想甚麼是普遍的復興。

復興是一個甦醒或分賜生命的時候。由於只有神能賜生命；復興乃是在某一時候神來遇見祂的子民，且藉着聖靈的能力將新生命分賜他們，再藉他們將生命分賜給死在罪惡過犯中的罪人。我們有些宣教的盛況僅僅是靠着那些全職佈道家的熟練技巧和催眠式影響力而激起的；然而這些都不是復興，實實在在不是。他們乃是魔鬼假冒的復興。**從神得到新生命，那纔是真復興。**普遍復興的時刻乃是，這個由神來的新生命不被局限於一些零星分散的小範圍內，而是遍及整個的基督教，並遍及全球。

何以需要普遍復興的原因，是由於屬靈的飢饉、荒涼及死亡正遍佈各地。這種情形並不只限於任何一個國家，雖然這種情形可能在某一國家較其他地區更明顯更嚴重。國內外情形都一樣。我們曾經有過地區性的復興。神賜生命之靈確曾吹氣在一些傳道人身上，在一些地方教會，或其他團體中；然而我們需要，惟獨需要一個遍及各地的總復興。

讓我們花幾分鐘時間看看復興的結果。這些結果在傳道人及未得救的人身上都很明顯。

一、在傳道人身上顯出來的結果是：

(一)傳道人對人靈魂有種新鮮的愛。

我們傳道人應該對人的靈魂有神那種愛，但

實際卻是沒有，我們缺乏像主耶穌那種對人靈魂的愛。但當神來遇見祂子民的時候，傳道人的心就對不信的人有了很重的負擔。於是他們帶着很大的愛及渴望出去，盼望周圍的人都能得救。他們忘記了想講偉大的道及得名望的野心，他們一心只想看到有人被帶到基督面前來得永生。

(二)當眞正復興來臨的時候，傳道人對神的話會產生新鮮的愛及充足的信心。

他們以前所有對聖經信條的懷疑和論斷都隨風而逝，他們直接出去傳講聖經，特別是傳釘十字架的基督。復興會使那些對眞理馬虎的傳道人走上正路，繼承正統。一個眞正全面的復興，會更有力量地使一些不正當的事務，規條被徹底矯正過來，而這個改變，較之所有被異教之風的各種異端所能動搖之勢力更深更廣。

(三)復興帶給傳道人在講道上新的自由和能力。

不再需要花一週之久去傷腦筋準備一篇講章；準備好一篇信息之後也勿需再爲了傳講而耗費腦筋。

當復興的時候講道滿有聖靈能力，講道是一種喜樂並使人靈裏振奮。

二、復興所顯在傳道人身上的果效，一般來講也照樣明顯地表現在基督徒身上。

(一)當復興到來時，基督徒從世界出來，過着分別爲聖的生活。

那些原先與世界妥協的基督徒，他們本來放縱自己所行的，賭博，跳舞，看電影以及其他的愚昧事，現在都放棄了。他們發現這些事與正在成長的生命與亮光不能共存。

(二)當復興到來時，基督徒得到新的禱告的靈。

禱告聚會不再是一個責任，而成了一個飢渴、迫切的心所必需的。接着對於個人的禱告也產生一種新的熱切。日夜都會聽到向神迫切禱告的聲音。人們不再問說：「神會聽禱告嗎？」他們知道神會，他們晝夜圍繞在恩典寶座的四週。

(三)當復興的時候，基督徒出去奔走在失喪的人中間工作。

他們聚會不僅是為着個人蒙福，他們聚會也是為着要把人帶到基督面前。他們同街道上的人，店鋪裏的人，及家中的人談論，基督的十架，救恩，天堂與地獄成了談論的題目。他們忘記了政治，天氣；新帽子新衣服，及最新出版的小說……。

(四)當復興的時候，基督徒在基督裏有新的喜樂。

生命就是喜樂，增新生命就是增新喜樂。復興的日子也就是充滿喜樂的日子，是天堂實現在地上的日子。

(五)當復興的時候，基督徒對神的話產生新的愛慕。他們願晝夜研讀。

復興對酒吧及戲院來說是不利的，但對宣教

書店及聖經代理商來說卻是好消息。

三、復興對於不信的世人也具有決定性的影響。

㈠首先，復興使人深深覺悟到罪。

　　主耶穌曾說過聖靈來使世人悔罪（約十六7
～8）。既然我們已經看見復興即是聖靈的來
臨，那麼就必然會對罪有新的覺悟，一向都是這
樣。如果你看到人說到復興卻沒有悔罪，你立刻
就能認出那是冒牌的，認罪是復興開始的一個必
然標誌。

㈡復興也帶給人得救重生。

　　當神要復興祂的百姓時，祂也同時拯救罪
人。五旬節第一個結果，就是有新的生命和能力
賜給小樓上的一百二十個門徒；第二個結果就是
一天之內有三千人得救。事情永是如此。我經常
讀到一些各地的復興報告，談及基督徒得到很大
的幫助，但卻沒有提及人的得救。我對這類的復
興表示懷疑。如果基督徒真正地被復興的話，他
們就會藉着禱告、作見證，有說服人的能力去得
着還未得救的人，必然就會有人悔改得救。

四、為甚麼需要普遍的復興。

　　我們知道普遍的復興是甚麼，也知道它的作
用；現在讓我們面對一個問題：為甚麼現今的時
代需要復興？

　　我想僅僅對復興的意義及作用所述說的，已

顯示出它的需要了，而且是非常地需要。然而我們還要看幾個現今存在的特殊光景，顯示復興是必需的。在揭露這些光景時，持此態度的人很可能被稱爲是個悲觀者。如果正視問題就被稱爲悲觀者的話，我倒願意被人如此稱呼。如果要作個樂觀主義的人，就必須閉起眼晴，把黑的說成白的、錯的說成對的、把罪說成公義、將死亡說成生命，這樣的話，那我寧肯不要作樂觀的人。而事實上我是個樂觀的人，因爲指出眞實的光景會引人進入更好的光景。

㈠首先來看我們的職事。

　　1. 我們當中許多自稱爲正統傳道人的，實際上都是些不信神的人。這是很坦白的話，也是無可爭辯的事實。培恩 (Tom Paine) 和英格索 (Bob Ingersoll) 的敎訓，與我們一些神學敎授的敎訓並無重大不同。只是後者的敎訓不是那麼直率、坦白，他們使用較文雅較深奧的詞句，但意義都一樣。很多所謂的新學派及高級批評學也不過只是培恩的不信理論加上一層糖衣而已。奧斯古 (Howard Osgood) 是一個眞誠的學者，他也不盲從德國不信派的學說。有一次，他宣讀一段關於某些見解的文章。他就問說那些見解是否能公正地代表當今學術界的看法。當人們都同意那些見解是可代表當今學術界的觀點時，他語驚四座地說：

　　「我剛才宣讀的，是摘自培恩的『理性時代』

(Age of Reason) 中的一段話 。」

　　高級批評學中並無多少新的東西。我們未來的傳道人常常是在不信神的教授門下受教，他們初進大學或神學院時，也只是些不成熟的男孩子們，後來很自然地多數都被教成了不信神的人，然後再去毒害教會。

　　2.即或我們的傳道人都很正統——感謝神，像有很多人都是——但他們經常都不是禱告的人，有多少現代的傳道人真正知道甚麼叫作專心禱告，把夜晚的時間分別出來禱告？我不知道多少人明白，但我知道許多人都不明白。

　　3.我們許多傳道人對人的靈魂沒有愛。到底有多少人講道是因為非講不可，因為他們實在覺得到處可看見不少的人都將滅亡，而盼望藉着講道救一些靈魂？而又有多少人效法保羅那樣講道，懇求各處的人與神和好？

　　或許已經談了夠多關乎傳道人的事，但很明顯地為了傳道人的緣故需要有復興；不然，我們中間有些人在即將來臨的可怕日子站立在神的面前時，必然心中滿了慌亂。

㈡現在來看看教會。

　　1.先看教會對真的立場。情形是夠糟的。許多人竟然連整本聖經都不相信。把創世記看為神話，約拿書視為寓言，甚至連神兒子的神蹟也認為有問題。視禱告的教導已過時，譏諷聖靈的工作。胡說悔改是不必要的，甚至不再相信有地

獄。然後再看看因着這樣失去信心而產生的時尚及錯誤；基督教科學派，神體一位論，屬靈主義，普世得救論，波斯之巴比敎義，形而上的醫病等等，完全是來自撒但敎訓的大混亂。

2. 再來看看敎會屬靈的情形。世俗的事物到處充滿在信徒中間。多少信徒正像世人一樣想拼命致富。他們用世上的方法積儹財富，當他們得到之後也像其他人一樣緊抓不放。

從各方面都看出信徒之中失去禱告。有人曾說一般的基督徒每天花在禱告上的時間連五分鐘都不到。

忽略神的話與忽略禱告是並行的。許許多多基督徒花在沉迷於報紙的泥沼中的時間，是花在浸沐於神聖潔話語中的時間之兩三倍。有多少基督徒每天平均花一小時在查讀聖經上？

隨同疏於禱告及讀經而來的，則還有缺乏慷慨的奉獻。敎會的財富很快地增加，但宣敎工作方面的財務卻是空的。基督徒每年平均獻給海外工作的不到一塊錢。眞使人寒心。

然後就是更多的人對主日不關心。主日很快地變成了享受世俗之樂的日子，而不再是神聖崇拜的日子。禮拜天報紙中無聊的廢話及污穢的醜聞替代了聖經；訪友，打球，騎車也替代了主日學及主日崇拜。

基督徒用各種不當的娛樂方式與世界摻雜。青年男女不相信跳舞與淫亂之罪並列，樸克牌遊

戲趣向賭賻，戲院一直不停地被指控爲色情日增，而這些指控卻被認爲是太守舊。

　　所以只有極少數的人是眞實進入基督耶穌裏的交通中，有分於祂對人靈魂的負擔！有關教會屬靈的光景已經說得夠多了。

㈢現在來看看世界的情形。

　　1. 注意得救得永生的人是何其少。衛理公會過去在領人歸主方面一直是最積極的，但去年失去的人數比增加的人數還要多。有的教會是增加了許多悔改相信的人，但只佔極少數的教會是如此；即或有這樣多的所謂新蒙恩的人，但其中眞正清楚得救的人又是何等少。

　　2. 世人不相信有罪。人很少深深地去覺察他們藐視不信神兒子的罪是多可怕。他們以爲罪只不過是"不幸"或是"道德上的弱點"，甚至認爲是"本意不壞"；很少認爲反對聖潔的神是極大的罪過。

　　3. 普遍的不信。很多人以爲不信聖經，甚至不信神及永生就是智慧超人一等的特徵。這大概就是許多人惟一擁有的超越智慧，也許這就是他們對不信緊抓不放的原因。

　　4. 與此普遍背逆不信並列的就是極大的惡行，情形一直是如此。不信與惡行是生來就分不開的。這兩件事同時存在，同時生長與壯大。這種惡行處處可見，到處泛濫。

　　看看所謂合法的淫亂，就是我們所說的離

婚。男人結婚、離婚、再婚，不知多少次，卻仍然能進入上等社會;婦女也是一樣。在美國許許多多可說相當受人尊敬的男人是離過婚後再婚的，他們等於是在與別人的妻子同居，許多女人也是照樣，等於與別人的丈夫同居。

這種惡行在各地戲院中處處可見。最好的戲院也是夠壞的了。而如今各種各樣說不出來的低級舞台角色正大行其道，出現在那些戲劇中的放蕩婦女反而受到報紙的支持，以及所謂有地位人士的歡迎。

我們的文學也大量受到腐蝕，有修養的人也在讀像 "Trilby" 那麼不好的書，只是因為它是暢銷書。藝術往往變成了一種掩飾猥褻的幌子。婦女受了某種引誘，把謙和、端莊、樸實拋至九霄雲外，使藝術家們可以完成他們的藝術品，但同時卻污染了她們的操守。

貪愛錢財變成了貧富皆為之熱衷之事。千萬富豪常願出賣靈魂，踐踏四周之人的權利，為了瘋狂地企圖變成億萬富翁;而勞工階級人士們經常暴動，以助長工會的勢力，使工資得以提高。戰爭發生了，多少人像狗一樣被打死，為的是促進貿易，開拓市場，提升那些沒有原則之政客的名望，而這些政客卻還儼然以政治家自居。

當前淫蕩的風氣正在四處蔓延。報紙裏，廣告牌上，香烟，皮鞋，脚踏車，專利藥品，緊身衣及所有其他商品廣告裏都隨處可見。晚上走在

街上也可見到，就在教堂門外也可見到。不僅在那些大城市中特設的污穢場所可以看到，就是遠在許多城市裏從熱鬧的商業區到住宅區，都滿了淫蕩的情景。唉！經常都會發現它。人若仔細放眼望過去，在一些所謂的高尚家庭中，你會聽到那些傷心的男女向你供認他們所犯的淫亂。今天世界的道德面貌真的是惹人厭惡，使人毛骨悚然。

我們需要復興。深的，廣的，普遍的，在聖靈大能裏的復興。要麼就是普遍的復興，不然就是教會，家庭，國家的瓦解。復興，須有從神來的新生命纔是惟一的良藥，惟有祂能止住敗壞的濁流及不信之泛濫。單是爭辯沒有用，而是要從神那裏吹來的風，聖靈再一次新的澆灌，一次真正由神而來的復興纔有果效。一切的不信，高級批評學，基督教科學，通靈術，普世得救論等都要在神的靈澆灌面前倒下。不是討論，而是神的靈把培恩，伏爾泰 (Voltaire)及其他舊時不信神的人驅除到被遺忘的絕境；我們需要神再次吹新的氣息，把像威爾浩生 (Wellhausen)，顧能 (Kuenen) 及革拉弗 (Graf) 這一類的人，以及他們所訓練出來在歐美等地佔據重要屬靈地位的那一批學生，都吹到同樣被遺忘的絕境去。我相信神的聖靈即將開始這樣吹氣。

普遍復興是今天一個極大的需要。這需要是歷歷可見的。它不容再有任何意見上的不同。那麼我們該怎麼辦？禱告！注意作詩的人的禱告，

「再復興我們，使你的百姓在你裏面歡樂」（詩八
十五6，另譯）。注意以西結的禱告，「氣息阿，
要從四方而來，吹在這些被殺的人身上，使他們
活了」（結三十七9）。聽阿，我聽見一個聲音！
看，一個震動！我幾可感覺到有風吹在我的臉
上。我幾可看見活的軍隊站立起來。我們還不禱
告？禱告，禱告，禱告，直到聖靈來復興神的百
姓！

12 禱告在復興
上所佔的地位

這本「如何禱告」的書，若沒有題到禱告在復興上的地位，就根本不夠完整。

基督教會歷史上第一次大復興，起源於人的這一方面，就是那一次十天的禱告聚會。我們讀到記載那一小羣的門徒的話：「這些人……都同心合意的恒切禱告」（徒一14）。那次聚會的結果，在使徒行傳第二章中我們可讀到：「他們就都被聖靈充滿，按着聖靈所賜的口才，說起別國的話來」（4節）。同一章後面又說到「那一天大約有三千人加給他們」（41節，修訂譯本）。這次復興證明是眞實的也是永存的。得救的人「都恒心遵守使徒的教訓，彼此交接，擘餅，祈禱」（42節）。「主將得救的人，天天加給他們」（47節）。

從那天起直到今天，每次眞實的復興都始自地上的禱告。十八世紀愛德華滋那時的一次大復興就是開始於他的禱告呼籲。布銳內德時代神的恩典在印第安人中大大作工，就是起始於布銳內德晝夜在神面前的禱告，求神爲了祂自己的工作從上面賜下能力。

一八三〇年，神在紐約羅契斯特地方彰顯了祂驚人而廣泛的復興大能，也是由於奮尼拼命的禱告。當時的復興不僅遍及全國，甚至也蔓延到英國。奮尼先生將那次工作的能力歸功於普遍禱告的靈。在他的自傳裏他這樣寫着：

「我在去羅契斯特的路上，經過一個村莊，大約在羅市東面三十里，有一位我認識的傳道弟兄，因看到我在一條運河的渡船上，就跳上船來同我談話，心想只陪我走一小段路程就回去。然而他對那次談話很感興趣，當他知道了我要去的地方之後，他就決定一路隨我去羅市。我們在那裏剛住下不多日，有一次我們走在街上時，那個傳道人忽然情不自禁地大哭起來，因爲他覺得自己有罪。主給他大有能力禱告的靈，他的心爲罪憂傷至極。我們在一起禱告時，我非常驚訝他有那麼大的信心，相信主將要在那個城裏動工。我回憶他這樣禱告說：『主啊，我不知道是怎麼回事；我似乎知道你要向這城行大事。』禱告的靈

帶着能力傾倒出來,是那樣厲害、强烈,以至有些人離開會衆聚會而去禱告,因他們無法壓制聽道時裏面的感動。

這裏我必須介紹一個人的名字,以後有機會會常常題到他,就是克萊瑞亞伯(Abel Clary)。他是我得救的所在教會的一個長老的兒子。他和我都是在同一次復興中得救的。他有講道的資格;然而由於他禱告的靈很强,對人靈魂有沉重的負擔,以致他講道並不多,而把全部時間及精力都用在禱告方面。他靈裏負擔經常重到一個地步,以致使他不能站立,他就呻吟,翻騰,狀極沉痛。我和他很熟,知道在他身上有一種奇妙的禱告的靈。正如所有禱告之靈很强的人一樣,他是一個很安靜的人。

我第一次知道他也在羅契斯特,是因爲有一位男士住在城西一里的地方,有一天他來看我,問起我是否認得一位傳道人克萊瑞先生。我告訴他我同他很熟。

他說,『他已經來了,現在在我家,且已有一段時間,我不知該如何形容他。』

我說:『我一直沒看到他來參加任何聚會。』

『不,』他說,『他無法參加聚會。他所有時間幾乎都在禱告,晝夜不停,內心似乎沉重難當,我也不知道該怎麼辦。有時他甚至不能直立而俯伏在地板上,一邊呻吟,一邊禱告,那種情

景眞令我驚訝。』

我跟那位弟兄說：『我明白這事，請你鎮靜。事情會弄清楚，他一定會達到目的。』

「我知道當時有相當多的人情形都如此。有一位奧尼大郡 (Oneida) 的執事，兩位傑弗遜郡 (Jefferson)的執事，加上這位克萊瑞先生，另外還有其他很多人，也有許多婦女有同樣的靈，他們把絕大部分時間都放在禱告上面。父執輩的奈希 (Nash)，我們這樣稱呼他因他在我一些勞苦的服事上幫助我，他也有同樣能力的靈使禱告很有果效。這位克萊瑞先生一直住在羅契斯特，直到我離開之後他纔離去。據我所知，他從不公開露面，只將自己完全放在禱告上。

大概是我在奧本 (Auburn) 的第二個主日，我看到克萊瑞先生的嚴肅面孔，他出現在聚會中。他看上去好像生來就爲禱告而操心。我和他是老朋友了，並且知道神賜給他極大的恩賜，就是禱告的靈，故而我很高興能看到他在那裏。他同他的醫生弟弟坐在一起，他弟弟也是一位神學教授，只是沒有像他哥哥那樣經歷神同在的大能大力。

休息時間我剛由講台下來時，在台階上遇到克萊瑞先生同他弟弟，他弟弟邀我同他們一道回家休息並進茶點。我去了。

到他家之後，我們很快被招呼就座。我們圍着桌子坐下，克萊瑞醫生請他哥哥爲飲食祝

謝。哥哥就低頭出聲求神祝福。他剛剛禱告了一兩句話就慟哭起來，突然離開餐桌跑到寢室去，醫生還以為他突然感覺不適，也站起來隨他去。過了幾分鐘醫生從樓上下來說：『奮尼先生，我哥哥要見你。』

我說：『他是甚麼病？』

他說：『我不知道，但他說你知道。他顯得非常擔憂，但我想那是他心情的問題。』

我立刻明白了，就到他房間去。他躺在床上嘆息，聖靈在他裏面用說不出來的嘆息為他禱告。我幾乎尚未踏進他的房間，他就說，『禱告，奮尼弟兄。』我跪下去為他禱告，幫助他將對罪人得救的負擔禱告出來。我們一直禱告到他的負擔卸去纔重返餐桌。

我清楚這是神的聲音。我看到禱告的靈在他身上，也感覺到他對我的影響，很自然地就相信聖靈的工作會大有能力地繼續下去。事實證明確是如此。教區的牧師事後告訴我，他發現我留在那邊的六週中有五百人得救。」

奮尼先生在他講到復興的信息中，題到其他有關神答應祂子民禱告而賜下復興的明顯例子。他說在一個地方，「一位牧師告訴我有關他們中間的一次復興，起始於教會中一個熱心虔誠的姊妹。她非常關心罪人，因而為他們禱告，越禱告心中越沉重，終於她去找傳道人交通，要求他指定召開一次悔改聚會，她覺得有此需要。傳道人

推脫掉了，因他並無此感覺。第二個禮拜那位姊妹又來了，再度懇請他召開一次悔改聚會；她知道有人會來，因她感覺神要將聖靈澆灌下來。但牧師又拒絕了。最後她對牧師說：『你若不召開一次悔改聚會我會死的，因爲我相信必有一次復興將臨到。』第三個主日他召開了一個聚會，牧師說如果有任何人願意同他談靈魂得救的事，他都願意在這一天晚上和他們見面。他不知道有何人會去，但當他去到聚會的地方時，使他驚訝的是有一大羣人在那裏，迫切想知道悔改得救的事。」

又在另外一個地方他說，「奧尼大郡教會還陷在深沉的黑暗中時，第一道射進來的光芒是藉着一個身體頓弱的婦人帶來的。那是一八二五年秋天的事。我相信那位姊妹從未經歷過大有能力的復興。她爲着罪人擔憂，爲着這塊地方將滅亡的靈魂傷痛。她不知道是怎麼回事，但她一直禱告不停，好像她內心的傷痛要把她撕裂一般。終於有一天她內心充滿了喜樂，大聲呼喊說：『神來了！神來了！一點也不錯，神的工作開始了，而且聖靈的工作遍及整個地方！』聖靈的工作確實自此開始，她的全家差不多都得救了，聖靈的工作遍佈那一帶整個地方。」

一八五七年美國的大復興最初也始自禱告，後來也一直是藉着禱告持續下去。數年前克勒博士 (Cuyler) 在一個基督敎刊物中寫着：「大多數

的復興都從卑微開始；熱火往往從少數幾個人心
中燒起來。千萬不要小看小事情發生的日子。在
我漫長事奉的歲月中，幾乎每一項蒙恩的事工都
有同樣的開始。有一次開始於一個私人家中，只
是幾小時前纔通知有那次聚會。又一次是始自慕
迪先生在宣敎主日中帶領的一組查經班聚會。還
有一次──聖靈工作最強的一次──火燒在寒冷
的一月晚上，一羣年輕人在我家舉行的聚會中。
斯賓塞博士在他的牧師素描 (Pastor's Sketches)
一書中說到，他們敎會中有一次大復興是始自一
位很虔誠的老人熱心的禱告，他因跛脚而不得不
待在屋子裏。聯合神學院的史格納博士 (Tho-
mas H. Skinner) ，當他作費城拱街敎會牧師
時，有一次三個很熱心的人來到他書房。他們誠
心禱告，向神認罪，謙卑在神面前。敎會的其他
執事陸續來加入他們的禱告。天上點燃的火很快
燒在整個敎會中，帶進那個城裏從未有過的大復
興。

　　十六世紀初期，在愛爾蘭的奧斯特 (Ulster)
地方有一次敎會大復興。這地方是英國皇室用
來放逐罪犯的所在。住在那裏的人大部分
都有幾分粗獷、冒險的精神。眞正虔誠的
人不多。前後有七位傳道人，五位來自
蘇格蘭，兩位來自英格蘭，遷居到那裏，最早移
民過去的是在一六一三年。其中有一位傳道人名
叫布萊爾 (Blair) ，當時有個人這樣描述他：「他

不分晝夜地禱告，有時獨自一個人，有時和其他人一同禱告，得到神賜予最大的同在。」而格蘭德寧 (Glendenning) 先生是一個天資平凡的人，對禱告來講也不見有甚麼特別恩賜。當時的歷史學家說：「聰明的傳道團體一定不會選中他，或差派他去開始改革工作。然而主卻揀選了他，並藉着他開始了神奇妙的工作。我特別題到這些，是要大家看見榮耀是主的，因為是祂將這塊褻瀆神的地方轉變成一個屬乎神的國家，正如主曾說，「**不是倚靠勢力，不是倚靠才能，乃是倚靠我的靈，方能成事。**」他在歐斯東 (Oldstone) 講道時，聽眾良心都感覺恐懼戰兢。他們看自己全然喪失了，是可憎惡的，然後呼喊說，「弟兄們，我們該怎麼樣纔能蒙拯救？」他們被神話語的能力擊倒在地。當天有十多人被抬出去像死人一樣。這些不是柔弱女子，而是附近的一些極其身強膽壯的人；「其中有的人曾使用武力把整個的市鎮變成打鬧的地方。」題到其中某一個人時，那位歷史學家說：「我聽說他們其中一個孔武有力的大漢，如今成了一個剛強的基督徒，他說他起初來教會的目的，是要找他的同伴商量如何搗亂。」

　　這次聖靈的工作遍及全國。到一六二六年，在安純 (Antrim) 每月舉行一次聯合禱告會。聖靈的工作大大展開，越過了得安 (Down) 及安純的境界，直達到附近各郡的教會。神兒女對神的

渴慕使他們從三、四十里之外的地方來擘餅交通，而且來往於旅途上並不感到困乏。很多人也不吃也不喝，但仍宣稱：「離開聚會時感受是那麼新鮮有力，靈裏被神所充滿。」

這次的復興把整個北愛爾蘭改變了。

另一次愛爾蘭的大復興是在一八五九年，情形同前一次相似。對於許多不知內情的人而言，這次奇妙的工作被認為突臨的，沒有預兆也沒有準備；然而根據當時長老會總會的主席吉布森 (William Gibsom) 的一部對此次復興很有趣味，也很有價值的記錄，說到這次復興，事實上已有兩年的準備工作。兩年來他們一直在討論教會光景低落而需要有復興，因此就有一些特別的禱告聚會。隨之有四個青年人成了這次偉大工作的起始人，他們開始是在凱斯 (Kells) 附近的一間老舊學校裏聚會，大約在一八五八年聖靈工作的能力開始顯出。從一城到另一城，從一郡到另一郡都看見主的工作。後來人數太多了以致房子容納不下，聚會只好改在戶外舉行，經常有數千人聚集。常是這樣，單在一個聚會中就有好幾百人悔改認罪。聖靈的能力很顯著地彰顯出來，有的地方刑事法庭及監獄都因沒事情可作而關閉。這清楚地證明：只要傳道人和弟兄姊妹們真實信靠主，並藉着禱告開始，聖靈在今日依然能像使徒時代一樣作工。

慕迪先生在英國，蘇格蘭及愛爾蘭，以及後

來擴展到美洲的工作，都是從禱告開始。慕迪先生起初來的影響力是不大的，是藉人們向神呼求而擴大的。實在說，他之到英國去完全是由於神答應一個久病不起的聖徒向神纏磨不止的呼求。當禱告的靈持續的時候，復興的能力就增加，然而當禱告越來越少的時候，工作能力就顯而易見地衰退了。無疑地，現今許多使人感到不滿足，膚淺，不實際的所謂復興，最大的隱在原因之一，就是因為太依賴人力的推動，而不依靠神的大能，因此神的大能必須從人迫切，堅持，出於信心的禱告纔能尋求得來。今天人們最注意的只是工作，工作，工作，人的新組織，人的新方法，人的新裝備；但今天最大的需要是禱告！禱告是對魔鬼最主要的打擊，魔鬼的工作就是使教會把這最有力的武器——禱告——放在一邊。魔鬼絕對樂意看到教會的組織擴大，只要人們放棄禱告，他很樂意人籌謀一些辦法來為基督征服世界。那惡者看着今天的教會會沾沾自喜地說：「你們可以有主日學，青年團契，青年會，婦女戒酒聯合會，制度化的教會，工業學校，男童隊，大規模的唱詩班，很好的風琴，有名的講道人，也盡力作復興工作，只要你們不是藉着迫切，堅持，帶着信心，強而有力的禱告帶下全能神的能力就好了。」

　　只要教會有專一的心志禱告，禱告在今天所有的果效同過去是一樣的使人驚奇。

　　越來越多的跡象顯示，教會對此事實已經覺醒。到處可看到神將前所未有的禱告負擔，加給個別的傳道人或整個教會。他們對人為制度的依賴已減少，而對神的倚賴卻在增加。很多傳道人日夜向神呼求聖靈能力。整個教會或部分教會的弟兄姊妹們，或在清晨或在晚上聚在一起，向神呼喊，求賜下晚雨。各方面都顯出廣大的復興就要來臨。如果現今在任何國家有比歷史中任何復興更大的復興，我們都有充足的理由作此解釋。今日世界各地人可藉旅行，通信，電報，電話而保持最迅速的聯絡。神聖靈的火燄若在美洲燃起，很快地就會燒到地極。然而傳遞復興火燄惟一的途徑就是禱告。

　　並不一定要從整個教會聚在一起禱告纔開始。大的復興總是由少數人開始，神藉着祂的靈引發人心中對神的信心，相信祂是活神，是答應禱告的神，神把負擔加在他們心上，使他們若非向神纏磨着呼求就得不到安息。

　　但願神藉着這本書喚醒更多的人起來禱告，使我們迫切需要的復興得早日來臨。

～全書完～